海外研修×ディープ・アクティブラーニング

早稲田大学保﨑研究室18年間の実践活動

Norio Hozaki
保﨑則雄＋藤城晴佳
Haruka Fujishiro

編著

早稲田大学出版部

は し が き

　本書は，私たちの研究室が「知的な心体活動の具現化」として18年間にわたって実施し，らせん状の発展を続けてきた，学生たちの米国研修の経験から得た知見と考察をまとめたものです。

　本書が上梓される2021年2月現在，人の移動は極度に制限を受けています。海外へ自由に渡航できない状況は，今後もしばらく続くことでしょう。しかし，人の移動が極度に制限を受けている今こそ，海外研修について焦らず急がずに「準備」という形で，この時期にできること，すべきことを着実に確実に計画し，実行することが，とても重要です。身体の移動がかなわない時は，柔軟な思考や斬新なアイデアを創発させる時期なのです。

　では，どのような準備をすればいいのか。海外渡航が再開されたときのためにそのヒントを，本書からつかんでいただければと思います。

　詳細は本書の序章以降に譲るとして，これまで私たちが実施してきた研修について，ここで少し説明したいと思います。

　私たちは，海外研修は準備，つまり，溜めの部分がとても大切だと考えています。加えて，研修実施後の振り返りも重要です。　すなわち，①Preparation（諸活動の入念な準備活動）→②Improvisation（即興的で柔軟な現地での実践活動）→③Reflection（事後の反省的な振り返りの活動）という流れ，PIR（ピア）を踏まえて，初めて学生たちにとって意味ある研修になるのです。

　毎年の準備は，研修が終了した10月から緩く始まり，翌年の4月に新ゼミ3年生の活動開始から始まります。重要な理論的な背景，知識の修得や言語（日本語教育，英語）などのスキルの訓練も始まります。並行して学生たち自身も，米国入植の歴史を学び，自分自身の課題を考え，状況論的な学びや専門家の著作を読んで議論しつつ考え，プレゼンテーションのためのワークショップや取材を行い，映像撮影から編集もしてデジタル資料を制作します。こうした事前準備をしっかり行ったのち，ようやく研修先である米国で現地集合する運びとなります。

　学生たちは研修の諸活動に周辺的に参加することから始まって，研修に十

全的に参加するまでの過程で，協働作業を通して理解を深めつつ視点を変える，つまり結果として新しい認知を主体的に獲得し，学びます（Lave & Wenger, 1991）。これは，学びのコミュニティであるゼミという中で実践している一連の活動が，外から眺めると海外研修という構造になっているものと捉えることができます。

　学生たちが卒業後何年か経って自らの参加した研修を振り返るとき，忘却の彼方であることも多くあります。しかし指導教員の私としては，決して何かしらの研修の効果を強く意図して何年もこの活動を実施している訳ではありません。研修を続けて来た中で，失敗したという経験，思うようにいかなかったという体験があります。そこから私自身学ぶことも多々あります。なぜそうなったのかという反省を踏まえて，次に研修を実施するときの準備が重要であると考えてきました。この点で，私は自らを反省的教育実践者であると自負しています。

　時間経過を含む評価は，継続した実践の結果として活動がわかりやすくなっているに過ぎないのでしょう。こうした活動の共通認識，本質は，時間経過と共に忘却されたり，精緻化・有機化されたり，ときにはよりいっそう混沌とすることさえあります。こうしたことは，本書第2部の「今，活動を振り返って再評価する」で紹介する学生たちの言葉の諸処にも現れています。

　現代社会では，学びの多くが，今や仮想空間とは言えないほど日常生活空間化したインターネットコミュニティで獲得されます。現代においては，もはやそれが正統的な学び方となっているのでしょう。人々はこのインターネットという時空間に参加し，ときには互いに距離を取りあい，ときには飲み込まれ合いながら，協働作業を行い，学びを深め，ビジネスを行います。今や多くの人にとって，多様なインターネットコミュニティへの参加・関与は，生活していくうえで不可欠なものとなっています。

　一方，教育界では，座学と実学というような括りで学びが対比され，「どちらの学び方が望ましいか」という捉えられ方をされることがあります。我々が教え，学ぶような活動では，人は知であり，主体かつ客体であり，環境であり，教材であり，方法であり，道具ですから，そうした複雑な学びの状況においては，「座学と実学のどちらが望ましいか」ではなく，むしろ「あれもこれも」と複合的で，あるがままの捉え方を前提にした学びのあり方が自

然なのかもしれません。そのなかで，協働作業を基盤とする活動に参加しつつ，思うようになったり，ならなかったりした経験を互いに交換しあい，そのなかで得られた知識を蓄積していくことが大切だと考えます。それによって，活動の参加者に思考の柔軟性を与え，参加者に「この活動に参加することによって，何を思うのか」という根本的な問いを投げかける意義があると考えます。本書で取り上げる，小規模で長年実践してきた短期海外研修活動では，「教えるから学ばなくなる」「失敗から学ぶ」ということが実践されていますが，これはまさに上記の考えに基づくものです。

　教育活動の課題や疑問は，時間が経過しないとなかなか解決されにくいのかもしれません。しかしながら，私たちがこれまで細々と実施してきた短期海外研修活動では，一見頼りなく見えるかもしれませんが，螺旋状に毎年つながっていく経験の連続が存在します。それがどのような方法を用いて適切に分析できるのかという大きな問いに，なにかしらの解を与える必要もあるでしょう。海外研修という活動を継続して「ああでもない，こうでもない，こうやったらどうだろうか」ということを思いつつ，毎年の参加者とのやり取りを重ねて，今日までたどり着いています。本書はその on-going の実践活動の足跡であり，分析，記録でもあります。

　本実践は，研究課題として，科学研究費補助金[1]，早稲田大学特定課題助成金[2] の補助を受けて分析をし，その後その知見を踏まえて「ひらめき☆ときめきサイエンス」[3] の助成金を得て，研究成果を社会に報告，還元するという目的で，中学生を対象としてワークショップを実施し，参加した中学生や保護者からは高い評価を得ました。

1)　平成 24〜26 年度　文部科学省科学研究費補助金　基盤研究 C「複雑で本物の状況において学習者の英語使用を生起，内化させる協働作業の実施と評価」（課題番号 24520713 研究代表者：保﨑則雄）
2)　平成 26 年度　早稲田大学特定課題研究「言語の習得と異文化の学びを目的とした流動的な協働，協調的な学習活動の構造的な分析」（2014K-6224 研究代表者：保﨑則雄）
3)　平成 27 年 7 月 30 日「ひらめき☆ときめきサイエンス〜ようこそ大学の研究室へ〜 KAKENHI（HT27120）「日本の『外』から日本の『内』を眺めると，何が見えて何が見えなくなるのでしょう」（代表者：保﨑則雄）

　本書では，短期海外研修という活動を，関わって来た人，研修参加者の視点を中心に，研修前後の自己評価，振り返りから分析しています。その結果，研修前と研修後とで学生の考えが如実に変わった面もある一方，あまり変わらなかった面もあることが明らかになったことは，興味深いことです。そこには「うまくいった（と思われる）」というような教師のビリーフ（信念，意図，期待のようなもの）からの視点もあれば，「思うようにいかなかった」，同時に，「予想しないことが起きた」とか，「卒業して何年も経ち，未だに合理的な解釈ができないようなエピソード記憶，忘却」なども含まれます。

　ここに書かれているすべての内容，データはこの海外研修活動に，様々な立場で参加した人の声であり，思考，自省，評価です。そして，当時の自分の経験を思い出し，言動を振り返ってみて，米国研修という活動に対して，今の自分がどのような評価，解釈，疑問，経年の意味づけを与えるのかということが記述されています。

　本書の構成は2部からなります。第1部の各章は，執筆者各々がこの短期海外研修という実践活動を，準備，実践，事後の3段階での学びのプロセスとして振り返り，再評価し，自分がいま在籍している大学での現職とのつながりをどのように捉えるのか，という視点からの分析を中心に書かれています。そして，それぞれの立場（研修学生を引率する，受け入れ校として受け入れる），現職（今の自分）から，データ，根拠を適宜埋め込んで，分析しています。第2部では，過去の本研修への参加経験を再評価し，今の自分にどのような形でつながり，忘却され，あるいは展開しているのかという「関わり」が記述されています。

　読者でこのような短期海外研修を実践されている方々，これから実施しようと考えている人々，既に実施をしていて新たな活動の展開，教育実践としての評価の方法，今後のための修正を考えている先生方などにとって何かの部分が参考になれば，これに勝る喜びはありません。本の出版までの諸段階において，早稲田大学出版部の武田文彦さんに多大なご尽力をいただきましたことを感謝いたします。

　　　2021年1月

　　　　　　　　　　　　　　　　　　　　保﨑　則雄

目　次

● 執筆者一覧（執筆順）────────────────

ほ ざき のり お
保﨑 則雄　　はしがき，序章，第1章，第2部冒頭，終わらない「おわりに」執筆，編者
早稲田大学人間科学学術院教授

ふじ しろ はる か
藤城 晴佳　　第2章，第2部冒頭，終わらない「おわりに」執筆，編者
早稲田大学人間科学学術院助手

ど い か おり
土井 香乙里　　第3章執筆
ものつくり大学技能工芸学部講師

の だ ま り
野田 眞理　　第4章執筆
オハイオ州立大学人文学部教授

Dennis Washburn　　第5章執筆
ダートマス大学アジア社会・文化・言語学部及び比較文学部教授

わた なべ いく こ
渡辺 郁子　　第5章執筆
ダートマス大学アジア社会・文化・言語学部講師

さい とう たか え
斎藤 隆枝　　第6章執筆
国際医療福祉大学総合教育センター助教

てら だ え り
寺田 恵理　　第7章執筆
早稲田大学大学院人間科学研究科博士後期課程

さい とう よし お
齋藤 義雄　　私たちの研修を支えてくださった方1執筆
元ボストン大学メディアディレクター

はぎ わら たか お
萩原 孝雄　　私たちの研修を支えてくださった方2執筆
ケース・ウェスタン・リザーブ大学近代言語文学部准教授

序　章

私たちが実施している研修の構造と内容

保　﨑　則　雄

　　·"The belief that all genuine education comes about through experience does not mean that all experiences are genuinely or equally educative. Experience and education cannot be directly equated to each other." (Dewey, 1938, p.25.)

　教育における経験というのはどのような意味を持っていて，人の学びにどのように関わるものでしょうか。Dewey が 80 年以上も前に指摘したように，単なる「経験」は教育には必要ではないのかもしれません。それぞれの経験を教育的なものにするのは，時間経過後の本人次第ではないのかとも考えらえます。学ぶという観点からは，どのような理屈を付けても付けなくても，人は日々学びます。学びはそれ自体が自律的で，自由な行為であるからです。経験することからの学びは，教育関係者に共通する関心であり，課題です。

　楠見（2012）は，かつてエリクソンが提唱した「10 年ルール」を基にして，実践知を深め一人前から熟達者になっていく段階を，1）定型的熟達化（3〜4 年），2）適応的熟達化（6〜10 年），3）創造的熟達化（10 年以降）の 3 段階に分類しています。確かに個々の経験がそれぞれの暗黙知となるには，同じ分野での系統的な，縦軸での継続した学びが必要でありますが，同時に，我々は，一見異なったように思われる個々の経験を無意識に統合する，意味づけして横軸でつなげるという学びをしていることも事実です。

　本書で報告するのは，18 年にわたって私の研究室が続けてきた短期海外研修の諸相です。私たちが実施してきた研修は，「創造的な熟達の域」に入っ

ていると自負しています。研修には，流動的である多くの種類の活動が変化しつつ含まれ，埋め込まれています。実施していて明らかになったことや，未だに適切に解釈できないことなども含まれます。以下の第1部の各章では，研修前の諸準備の活動の紹介，訪問側，受け入れ側など参加者のデータ，関係者の観察，分析などが多角的に記載されています。

　それぞれの章では，「経験という教材あるいは素材を活用し，活動に参加しつつ考え，協働的な学びを連続させる」という基本的な合意を基にして，準備段階，実践，事後の振り返りの三つの段階で主体的な作業を行うことが紹介されています。言い換えれば，一つの大学研究室が，18年間継続して実施している短期海外研修に，毎年異なった学生集団が参加する活動そのものが教材であり，大学カリキュラムでの「総合的」な学びとして捉えられます。それは，一つの大学機関全体で実施する留学などの大規模なプログラムとは異なった位置付けです。ここで紹介される諸活動は，それぞれが異なっていて，小規模であるが故に実現可能な点，修正可能で柔軟な面が諸処にあり，毎年，少しく変容している部分と継続している分を合わせて，プログラムの柔軟性と改善性が本研修の持続可能な基盤を成していると言えるでしょう。

　一般に，大学が学生に留学を勧める理由としては，**言語運用能力の向上，異文化体験，将来の進路への広がり**などといったものがあげられることが多いです。それぞれは合目的的な理由であり，参加者側としても参加理由がわかりやすいというメリットがあります。同時に教育，学びという点から考えるべきことは，人の学びは単一的なものではなく，複合的，有機的，抽象的，総合的なものであるという面です。たとえば，言葉の運用能力の向上という点一つのみを例にとっても，状況に応じた言葉の使用，ということがあります。それは，生活言語能力（BICS）と学習言語能力（CALP）（Cummins, 1984）の違いのような捉え方ではなく，むしろ，吉田（2003）が比喩的に言及しているような，教室での学習の「金魚鉢モデル（の英語）」から，複雑に人間活動が絡み合う社会における「大海モデル（の英語）」ということに近くなるのかもしれません。本研修のような実践の状況において生成され使用される言葉が，自らによる真の言語生成といえるでしょう。かつて，ソ

シュールが提唱したシニフィエ，シニフィアンを含むパロールそのものであり，それはチョムスキーらが理論化し，体系化した言語構造を重視するようなことではないと言えるでしょう。さらにこの研修での言語使用は，教室で学んだことを他の状況に転移させるという考え方よりも，教室での学びを変形，変容させるプロセスで言語生成が深められていくということになるでしょう。

　私たちの実施している研修では，さらに協働作業の重要性を事前準備段階から重要視しています。一連の協働作業では，対話が重要な位置を占めていて，正統的な活動に参加しつつ，反駁，説得，合意形成が日常的にグループ員との間で行われつつ，自分の言葉を確かめ，相手の言葉を取り入れ，自分の言葉として決定して，対外的にやりとりをするという，バフチンのいういわゆる収奪（appropriation）が活動のあちこちに埋め込まれていることも特色です。上記それぞれの学習モデルを参考にして，「馴染みのない状況に，最初は新参者として参加しつつ，徐々に主体的な参加になり，十全的な参加になっていくプロセスで，必然的に産み出される，適切な言語，非言語表現」という捉え方がされるでしょう（Lave & Wenger, 1994）。具体的には，教室英語で学ぶ「Thank you.」という一つの概念の集合体は，その言葉が使用される状況が，町のファーストフード店，警察，他文化人，幼稚園児に対して使用するような時に，パラ言語表現（身体の動き，表情，時空間，間，声，マナーなど言語以外の表現要素）を含み，適切に使用されていることへの即時的な気づき，学びが要求され，期待されます。

　私たちの研修では，学びのバリエーションや整合性などに注目しているため，具体的に何をどこまで学んだのかということを定量的，統合的に表現することはなかなか難しいとも考えます。それはむしろ多くの参加者のそれぞれの観察，分析，評価からこの研修の本質が浮かび上がってくるのではないかという捉え方をしています。それほどまでに人の学びというのは，相互関連して複雑であり，様々な「ハプニング」を経験してそこから気づきを得たり，他人の立ち居振る舞いから何かを学ぶことが大切であるという捉え方ができます。

　まず，第1部では，本研修が「実践的，主体的な教育活動に参加しつつ，

常に省察を繰り返す，活動相互が関連している学び」であることの観察，分析，評論が詳述されています。現職が高等教育での言語教育につながっているという執筆者，教育コミュニケーション分野につながっている執筆者など様々です。私たちの研修では，引率教員である私自身が活動の熟達者（effective learner）になるべく，毎年この短期海外研修を計画し，実践することを常に強く意識しています。学びでよく行われる，丁寧にスモールステップに分けて学んだり，一つひとつの活動を強化して次のステップにつなげて教えるという方法とはほぼ対極にあるやり方でしょう。

　一人の教員が18年間（準備を入れると19年間），汗をかきかき，工夫を重ねて省察し，改善してきたという特色の一つがここには埋め込まれています。それゆえ，実施前後の評価の比較だけでなく，3年後，5年後，あるいは10年後の評価が実施可能となります。

　第2部は，過去の参加者が，大学卒業後に社会人として働き始めて，時を経てから振り返るという，研究としてはあまり行わないような重要な分析法や要素を含んでいます。経年評価をし，振り返ると何が残っているのか，消えるもの，あるいは，今につながっているものなどに関する，自己評価，エピソード記憶を辿るような記述が多くあるのが興味深いです。

　本書で紹介する短期海外研修プログラムにおいて，引率教員は「秩序や規則，問題解決法を強制するようなリーダー的な存在」が「頭の中に存在する知識」（ガーゲン，2004）を中心に行うのではなく，「参加者の一人，経験知を持った一人の学び手として活動に参加する存在」です。ただし，参加学生から何か聞かれれば，何らかの考えを伝え，過去の成功や失敗を話し，その場で共に考えて，何かを提示する存在でもありますし，参加学生が独自で解決することを促しつつ，私も共に考え，共に迷う一参加者です。このように，教員が何かの権威者ではなく，実践者としての立場から参加することは，この研修では重要だと考えます。

　以下，本短期海外研修について，まず，実施当初から現在までの経緯，そして，活動の構造と内容について紹介します。

1　研修の開始

　私の研究室での短期海外研修は，もともと2001年9月に第1回を実施する予定でした。しかし，その年米国で9.11の同時多発テロが起き，参加者の安全を最大限考慮して，延期せざるを得なくなりました。そこで，変則的に2002年2月に第1回の研修を実施しました。2002年11月に2回目の研修を行い，その後3回目から現在まで，毎年9月初・中旬に実施してきました。

　研修を9月に実施する大きな理由は，日本の大学が学期途中だと参加学生に2週間ほど大学の授業を休ませることになり，望ましくないからです。また，現実的な課題としても，そして研修の狙いの面からも，研修時期は日本の大学が休講期間である一方，相手校は学期が始まっている時期となるように工夫して調整しています。このように実施時期を柔軟に決められる点は，一研究室が短期海外研修を実施することの大きなメリットです。

2　活動日程

　私たちの活動は，原則的に現地集合現地解散というやり方で行っています。多くは空港に集まってまとまって行くのですが，研修以前に米国やカナダに入国し，研修開始に合わせて現地のホテルに集合することも許可しており，研修後は毎年ホテルで解散という形式を取っています。これも，自律的に自分の研修前後の日程は決めるという部分を残しておきたいからです。

　現地での研修は，前半6日間前後と後半6日間前後という2部構成となっています。前半の活動は，オハイオ州の大学で行い，後半はボストンに移動して行っています。研修前半の研修校は，2002〜2014年は，Case Western Reserve University（Cleveland, Ohio）であり，2015年からは，筆者が卒業した，The Ohio State University（2015〜現在）です。研修後半のボストンでは，ほぼ毎年，Dartmouth College（New Hampshire州）訪問や，滞在ホテル近隣の小学校の見学が含まれています。

3　参加学生数と補助

　参加学生は，毎年，研究室のゼミ3年生，10名前後（年によって大学院生も

自由参加）です。研修参加ルールは，実施の建前として「強制参加」ではなく，「全員参加」（諸事情による不参加はあり）という一応，一段階緩い参加形態をとっています。実際に研修の全日程に参加した学生は，研修開始以来2019年度までに全ゼミ在籍学生の95％を超える割合です。参加学生数は，2002〜2019年で延べ193名にのぼります。そのうち，2015年度からのThe Ohio State University での研修参加学生は，5年間（2015-2019）で47名になります。

　費用は，2018年から大学からの補助（一人当たり3万円）が出るようになりました。それまでは，交通費は個人負担，研修中にかかる費用の大部分を占める宿泊代は研究室に配分される実習費で賄っていました。アメリカのホテルは，日本のシステムとはやや異なり，部屋単位の料金であるスタイルでかなり費用の節約ができているという経済的な事情もあります。

4　活動場所と事前調整

　現地の活動校については，早稲田大学が包括的な箇所協定を結んでいる大学です。

2002〜2014年　Case Western Reserve University（前半）→Boston College Dartmouth College（後半）

2015年〜現在　The Ohio State University（前半）→Dartmouth College（後半）

　相手校の日程の都合により，毎年新学年度開始の日が異なるため，相手校の教員や参加学生も加わり，相手校が夏季休暇に入る6月ぐらいから訪問日程，活動調整などの細かい調整を行なっています。その大きな理由は，訪問側が実際に行われている授業に参加し活動を行うため，相手校で学期が始まったばかりの繁忙期には，事前の打ち合わせで丁寧に確認しておく必要があるからです。

　次に，本研修において，ほぼ毎年継続して実施している具体的な活動内容とその狙いについて3つの段階，1）事前準備，2）現地での活動，3）事後の振り返りに分けて紹介します。

①　事前準備（5月～出発まで）

活動1）　活動の基本理論の理解

　参加する3年生は，まず10週間ほどかけて，ゼミの時間（毎週90分×2コマ＝180分）の約60分を使って学生同士の輪読，ディスカッションを行います。読む本は，活動を理解し，参加する過程で徐々に一人前になって，熟達化していくことを述べている「状況に埋め込まれた学習」（Lave & Wenger, 1993），ある仕事の専門家になっていくには，反省的実践を繰り返していくことが重要であるということを述べている「専門家の知恵」（ドナルド・ショーン，2001）です。理由は，この短期米国研修のみならず，研究室の多くの活動の理論的な背景になっているからです。毎回30～40ページをゼミの時までに読んで理解するようにして（flipped class），学生が交替で司会をしつつ，理解ができない，難しい点などを出し合い，議論し，意見交換をします。学生ができるだけ主体的，積極的に取り組めるよう，指導教員は議論の一参加者として意見を述べ，たまに自分なりの疑問を提示する程度です。議論が進まないと思われる時にのみ，多少議論の材料になるような疑問を提示する程度の参加であり，教員主導では決して行いません。この輪読には，ゼミの4年生（前年度に研修経験あり）や大学院生が参加することもあり，適宜，前年自分たちがわからなかったこと，議論したことなどの経験を話し，メンターのような役も担い，適宜議論に参加することもあります。

　付随して，米国の大学のシステムなどについては，基本的なことにつき実例を交えて伝えます。まず，米国の大規模大学での日本語授業については，受講生のバックグラウンド，カリキュラム，graduate teaching assistantshipsのシステムなどについて簡単に説明を行います。日本の外国語授業のクラスとは大きく異なるやり方が取られているので，最低限の事前理解は重要だと考えます。指導教員が米国留学時代に，日本語TA（1年間），computer labのTA（5年間），Continuing EducationのInstructor（5年間）として働いていたことがあり，その経験からも伝えられることが何点かあります。教員が自らの経験を語ることは意味あることだと考えられます。特に失敗談は熱心に聞きます。

活動2） プレゼンテーションの練習

　毎年，参加3年生が，相手校でのプレゼンテーションのトピックを決めます。過去3年以内ぐらいの期間を考えて，今までのトピックと重ならないように配慮します。相手校の日本語学習クラスの学生は，3年間はそのクラスに在籍しており，かれらがすでに聞いたことのあるトピックをもう一度聞かされるということがないようにするためです。トピックは，日本的なもの，日本文化となっているものを学生が選び，ほぼそれに決まるのですが，指導教員，4年や院生らが不適切ではないか，一応チェックします。

　相手校の日本語クラスでのプレゼンテーションは，相手の日本語力に応じて，ほとんど英語で行うという日本語レベル1のクラスから，ほとんど日本語で行う日本語レベル5のクラスまで，バリエーションに富んだ，クラスごとの，即興的な bilingual presentation です。同じ日本語レベルで，異なったクラスで，同じ内容でのプレゼンテーションを行うということが毎年あり，それは5分程度の短いものから，日本語をまったく学んでいない学生が受講している「日本文化クラス」で全部英語でプレゼンテーションを行う，10分を超える長めのものなど相手の授業時間にも応じて様々な準備をします。3年生は，準備の時点では現地学生の日本語のレベルがほとんどイメージできないので，使用する言語のバリエーションが，英語だけ，日本語だけという一般的なプレゼンテーションとは異なっていてチャレンジングな部分です。そういう当意即妙の対応力を期待するところでもあります。3年生のプレゼンテーションにはときどきジョークも入っていて，受けたり，受けなかったりという点も自分たちの学びにつながります。

　プレゼンテーションの練習は，毎年8月に複数回行います。最初は全部日本語でやり，指導教員，助手，大学院生，4年生，年によっては卒業生からコメント，批評を受けて，2〜3時間で修正して，再度行います。英語でのプレゼンテーションも同様に，まず一度やってから，修正のコメントなどをもらって，構成し直し，再度実施します。毎回が半日から1日かかる作業です。第2章でその実践，指導，評価について詳細が述べられています。

活動3） 米国の開拓史や現代文化，歴史的な展示に関する事前理解

　ほぼ毎年，相手校で講義を受けます。米国開拓史のことや現地での ICT 教

育についてのことですが，他のトピックでの講義もあります。講義はすべて
英語なので，事前に米国開拓史のことをある程度理解しておくと「大海での
英語」の中で泳ぎ切りやすくなります。事前の輪読作業と同様に，「アメリ
カ史」(1969) から該当する米国初期の入植，開拓史が説明されている部分を
60 ページほど読んで概略を理解します。研修後半に訪れる，Massachusetts 州
Plymouth などで現地ガイドの説明を受ける内容が前もってある程度理解で
きるという利点を想定しての準備作業の一つです。

②　現地での活動前半（研修中～解散後の自由行動）

活動4）　到着から現地でのオリエンテーション

　日本を出て現地空港からホテルに移動するときにも，その時の安全，マナー
は毎年異なります。また，そもそも現地空港に到着するまでに問題が発生す
ることもあります。例えば，到着便が遅れる，入国審査で手間取る，ものを
なくす，不適切なものを持ち込もうとして止められるなど，毎年何らかの問
題が発生します。その多くは大きなことではないのですが，全部自分で解決
しなければなりません。

　そういうことを経験しつつ，現地校に到着したら，現地教員から短いオリ
エンテーションを受けます。これは，マナーに関することと安全に関するこ
とが主な内容です。現地の日本語教員が行ってくれるので，参加学生にとっ
て言語理解という点では問題ないのですが，適切に内容を理解できているか
どうかは，実際に滞在を始めてみないとわかりません。日本流でものごとを
判断し行動することの前に，まず周りを観察してその文化の人がどのような
振る舞いをし，なぜそのような言動をしているのかということへの関心，興
味が必要であることは，現地に着いたその時から学ぶことになります。残念
ながら，学生たちの観察して学び取る力は年々低下しているのが現状です
が，まずは周囲の観察からいろいろな新しい気づきが始まります。

活動5）　日本語授業クラスでのプレゼンテーション活動

　相手学生の日本語レベルは，初級のレベル1（学び初めて2, 3週間）から
上級のレベル5（レベル1～4まで履修済み）まで分かれています。参加学生
は，毎年三つのグループ（各3～4人）がそれぞれのトピックの準備をして，

図序-1　日本語初級授業での活動
　　　　（Case 大）

図序-2　日本語レベル5クラスの
　　　　活動（OSU）

複数のクラスで日本文化を紹介するプレゼンテーションを行います。同じ内容のプレゼンテーションを複数回行うことが参加学生には大きな収穫となります。1回目のプレゼンテーションの後，空き時間に移動しつつ，省察し，修正を加えて，しかも休み時間に短時間で意見交換をして次のクラスでプレゼンテーションを行うことになります。授業の合間の移動時間の10〜15分で行わなければならない修正や追加，削減などの対応力がその場で要求されることになります。ここが現地での即興的な協働作業となります。同じ内容を異なったクラスで複数回行うという経験は非常に貴重であり，合間に revise するという作業には重要な意味が埋め込まれています。

　しかも，相手校側のその場での要求や期待があり，予定していたグループでの活動ができなかったり，他の参加学生メンバーが急遽入らなければならないような対応も，やらなくてはならないようなこともあり，一人が三つ全てのトピックすべてをそれなりに把握しておくという準備が要求されます。発表時の質問は英語で来ることが多いので，回答に窮したときにどのように

お互いに助け合い適宜対応するかも，要求されるプレゼンテーションです。事前の準備をもっと入念に行っておけばよかったという必要性を現地で痛感することもしばしばあります。この活動一つを取っても，毎年のように「こんなはずではなかった」ということの連続でもあります。

過去の発表トピックの例（順不同）

日本の遊び　漫画　部活　学食　駄菓子　習字　アニメ　日本人の笑い　温泉　アイドル　キャラ弁　食品サンプル　笑点　日本酒　藍染　和服　ゆるキャラ　日本映画など

活動6）　異なった日本語レベルのクラスにグループごとに参加して，授業を補助

　プレゼンテーションを行うクラスでは，他の重要な活動として，参加学生は，日本語での対話の相手になったり，問題提起をしたり，現地学生の日本語を直したり，質問に答えたり，日本語の informant/speech partner/discussant としての参加活動をします。この活動では，まず日本国外での日本語教育の現状を理解することができます。この活動は，研修後半の Dartmouth College の日本後授業でも継続して行っています。ここで気づくことは，自分たちが普段日本の友人と使っているくだけた日本語が，日本語学習者にいかに通じないのか，ということであり，このことはプレゼンテーションの時にも起こります。そういう経験は，こういう活動を組み込んでいるこちら側の期待でもあります。それほどきちんとした日本語を我々は普段話していないということを体験してほしいという狙いもありますが，言葉の習得の双方向（英語母語→日本語学習者と日本語母語→英語学習者）が対比されて見えるものがあることに気づく点が興味深いです。そしてそれが，帰国後の英語の学習に対する態度に影響を与えているということもしばしばあります。

　また，この活動では，海外での日本語教育の現場に初めて接する学生がほとんどであり，その結果が学生たちのその後の進路に何らかの影響を与えていることも，本書第6章，第7章で触れています。それは，因果というより

12

図序-3 日本文化クラスでのプレゼンテーション（Case 大，OSU）

も，発展的な関連性という表現が相応しいと考えます。

活動7） Show & Tell

　この活動は，研修前半のCase 大学（2002～2014 年）で継続して行った活動です。研修中のある日にほぼ1日，一部屋（会議室のような場所）を借りて，昼食（ピザ，ラザニア，サラダ，飲み物，デザートなど）を挟んで行います。3年生は，5～7時間その部屋にいて，現地学生や教職員らの訪問者に日本の文化を紹介するというものです。当初は，Japan Open House という名称を付けていたのですが，回数が進むにつれて，小規模であることや現地校での理解し易さという事情もあり，名称が，Show & Tell と変わりました。

　具体的には，室内をいくつかのコーナーに分け，3年生が持ち込んだものを同時進行で紹介し，個人，あるいはグループで英語，日本語を駆使して相手学生に説明するという活動です。実際に，相手学生には，その場で hands-on experience をしてもらいます。駄菓子の紹介であれば，ものによってはその場で作り，試食する，習字であれば実際に日本から持参した道具を用いて試し書きをしてもらう，アニメであれば，読んでもらう，映像を見てもらう，コマなら回してもらう，玩具であれば実際に遊んでもらう，浴衣なら着てもらって写真を撮る，花札ならルール，図柄を説明し，一緒にゲームをするというような活動を中心とした内容です。授業でのプレゼンテーションとは異なり，個別で，私的な日英語での会話が「道具，もの」という媒介物を通して行われるゆえに，笑いも多く，毎年リラックスした雰囲気で行われました。

図序-4　Show & Tell（Case 大）

　３年生は，日本的なものを日英語で説明することの難しさを体験しますし，相手学生は，日本語学習者以外でもふらっとその会場に寄ってあれこれ見たり，食べたり，参加したり，教えてもらいます。より日本語学習熱や日本文化に興味を持つということがしばしば観察され，それは言葉からも伝わってきました。

　2019年度は，課外の活動としてこの活動を発展させ，Show & Give という活動を行いました。習字の得意な３年生の一人が，白地の扇子を大量に相手校に持って行き，場所を数時間借りて，その場で名前や英語メッセージを漢字にして扇子に書き，プレゼントをするということを主体的に行い，他の学生も補助して，好評でした。

<u>活動８）　現地校で学ぶ日本人大学院留学生との意見交換</u>

　この活動は，オハイオ州立大で研修を始めてから主に始まったものです。実際に日本での何かに見切りをつけて米国に大学院留学をして学んでいる人たちが，なぜ決断するに至ったのか，今学んでいてどのようなことが起きているのか，他文化から眺めた日本文化がどのように見えるのかというようなことや学位取得後どのような進路を考えているのかという生の声，意見を聞きました。日本ではなかなか経験できない貴重な経験です。日本に住んでいるのはほとんどが元留学生であり，すべてが過去の経験を基に話すので，ほとんどが「結果論」です。現在留学という活動が進行中の人の意見は，ときに揺らぎがあり，惑いつつも，どこかの方向を見ています。そういう渦中の

人の話や思考を損得勘定なしで聴けるというのは，稀有な体験です。幸い，大規模大学だと多くの日本人留学生もいて，専門分野も日本語教育の他に，歴史，工学などといった分野でも学んでおり，そのような人と接することはこの研修でしか体験できないことの一つです。そういう人たちの価値観，世界観，日本観などに触れて何か感じたり，考えたりすることがあったら面白いだろうという狙いはあることはありますが，必ずしも特に強くそういう気づきを期待するような発想（ビリーフ）でこの活動を捉えているのでもありません。

　活動9）　課外活動として，現地の「日本語おしゃべり会」のメンバーと
　　　　　交流

　現地大学には，ケース大でもオハイオ州立大でも「おしゃべり会」というサークルのようなものが存在しています。どの大学にも似て非なるつながりの「会」というものがよくあります。そのような会は，課外でいろいろな活動をしていて，現地日本人が関わっていることもしばしばあります。オハイオ州立大では，キャンパスツアーを日本語でやってくれるため，参加学生は気軽に参加し，言語交流，文化交流をしています。

　このような会は，もともとは日本語学習者の日本語錬成のようなものが発足理由の一つであったのでしょうが，授業や授業担当教員ともつながり，文化活動は広がっています。かつては，Japan Awareness Week のような大学を挙げてのフェスティバルも開催していました。最近は日本文化に興味のある人が増えて，アニメ，アニソン，マンガ，食文化，伝統的文化などにも関心が広がり，インターネットの普及で，生で日本のテレビ番組，podcastなど日本語，文化，あるいは政治，経済までも視聴しているという日本語学習者は増えています。

　日本側の3年生は，自分たちがそこまでアメリカ文化に関心を持っているという人たちばかりではないので，やや特殊な会には映るかもしれませんが，日本の現状をよく知っている米国学生との接触は，想像以上に意味があるようです。米国人から観た日本という現実を体感することができるのはよいことであると考えます。この活動は学生同士で行うもので，両方の教員はほとんど関わりません。

図序-5　キャンパスツアー（OSU）

<u>活動 10）　自分が関心を持つ分野の授業聴講や活動</u>

　この活動は，特にこの 4, 5 年でいくつか実践しているものです。3 年生は，研修準備段階で，

• ダンス学部でダンスワークショップを開きたいというリクエストを送り，現地校の教員の助力でスタジオを借りるお願いをし，現地校で開催した
• 現地校でたまたま訪問時期に開かれているワークショップに参加した
• 音楽学部の教授に現地でアポを取り，会って演奏指導の様子を見学した
• 高校時代にマーチングンドをしていた参加学生が，現地大学のメンバーと会って話した
• フィールドホッケーの練習を見学した
• 教育系の大学院のゼミに参加した
• 現地の教員に事前アポを取って，興味ある専門分野のことで面談した

などというような自分独自の課題を遂行します。

　この活動では，自分の課題遂行のための事前準備から現地での個別活動へという流れは，まず自分独自で始めるという主体的な活動，プロセスでの学びです。この活動には引率教員はあまり関与せず，興味ある学生が，活動希望の計画を研修校の先生に相談し，事前にそれなりに折衝をしてもらい，日本を離れる前に準備します。足場がけとしての支えなどは，現地大学の教員の協力で行ってくれて成立する活動であり，現地では自分なりに折衝を行うことが米国大学の管理システムに触れることになる学びと言えるでしょう。

図序-6　ダンスワークショップ開催（OSU）

図序-7　習字イベント開催（OSU）

活動の進め方，マナー，事前の日英語での言葉使いなどでも学ぶことは多々あり，そういうことで基礎的なコミュニケーション力を鍛えてくれれば，という期待はあります。ただ，私のところに相談に来れば，いつでも一応アドバイス程度は行うという体制はある程度整えています。

　この活動では，現地校の先生らの協力があって実施可能になるものであり，本研修が継続して行われている背景には，その現地校の教職員の方々の尽力が必要不可欠であるということも，もう一つの特色です。特に 2019 年度の研修では，オハイオ州立大の野田教授の祖父母が経験した，第 2 次世界大戦中の米国での「日系人収容所」（relocation camp）の経験談とその分析の講義が日本語で行われ，研修学生は新鮮な刺激を持って知識を深めることができました。

　活動 11）　現地の小学校，中学校，高校の見学

　この活動は，現地校の予定や訪問日程の都合で，研修の前半に含まれることもあれば，この数年のように後半に含まれることもあります。この活動の狙いは共通していて，米国の学校の授業の様子，学んでいる児童生徒の様子，

図序-8　Boston の小学校

教材，先生の声などを見，聞くことで日本との違いが認識されます。10 年
ほど前の研修では，訪れたミドルスクールでの全校集会に飛び入り参加をし
て紹介されたようなこともありました。こういうことも継続して行っている
学校訪問であるが故に先方の配慮で実現したことだと思います。

　同じ民主主義国でも，その思想，教育，教員の考え，やり方，施設の様子
などにかなり違いがあることも間近で実感します。3 年生に期待するのは，
その現実の違いがなぜ，どこから来ているものなのか，目の前の生徒の授業
を観察して，先生の指導に接して，教室のデコレーションを見て，たまに現
地校の配慮で，ときに支給される給食を食べたりしつつ，考えてほしいと思
います。実際の授業見学はかなり印象が強いようで，その場で質問などもで
き，また，学校システムの違いなどを間近に見聞きできることは，有り難く，
貴重な経験です。なかなかうまくはできないのですが，礼儀として，相手に
関心を持つから質問が出るということは，プレゼンテーションの練習時にも
指摘されることでもあり，その具現化という学びだとも考えられます。現地
校では，企業などから派遣された日本人家族の子供なども学んでいることも
あり，日本とのつながりや，現地の学校での受け止め方，また，そういう子
らが抱えている問題，課題なども現地教員から聞くこと，あるいは見学もで
きるため，学ぶところは多くあります。研修参加 3 年生たちは日本の教育を
自然に受けてきているのですが，その「当たり前を疑う」という思考を持つ
ことができる利点はあると思います。

図序-9　旧 Massachusetts 州議会場

　2019 年度は，オハイオ州立大付属の中高一貫の学校で，STEAM（Science, Technology, Engineering, Arts and Mathematics）教育の実践を見学し，多くの先進的な学び，教え，施設を見学することができました。また，案内してくれた中 2 生と高 2 生に対するマナーについても，学ぶことが多々ありました。

③　現地での活動後半（Boston～解散後の自由行動）

　後半のボストンでは，ほとんどが個別活動です。研修の準備段階で，面白そうな場所，施設などについてはたくさん紹介しておいて，あとは個々人が探し出す作業も加わります。以下に，実際に今まで Boston での研修で，個人，全体として行った活動一覧を記します。毎年全員がこれらの訪問をしているのではありません。

　<u>活動 12）　Dartmouth College（DC）訪問（希望者）（本書第 5 章参照）</u>

　ホテルからレンタカーで 3 時間少々，バス便で 3 時間弱ほどかかる場所に位置する IVY LEAGUE 最北の大学訪問です。年にもよりますが，日帰りであったり，現地校の先生の配慮で DC の寮に宿泊する学生もいたりして非常に貴重な経験をさせてもらっています。日本語や日本文学の授業にも参加します。オハイオもそうですが，すべて英語環境というハードルをやや低めて，ある程度日本語を話す，日本文化に興味のある人たちとの交流を図るというのは，研修全体の狙いでもあります。

　日本文学を英語で教授している講義への出席は，DC の授業日程の関係で

図序-10　Plimoth Plantation

現在まで2回しか実現していないのですが，運良くそういう機会に恵まれたら，日本文学に対する認識も変わると思います。つながりのある DC の Washburn 教授は，先年「源氏物語」，The Tale of Genji を翻訳された方なので，時間は限られてはいますが，翻訳という作業の深さについても話を聞くことができ，また，別の大学の日本語教育のやり方の違いなどが体験できるというメリットもあり，実施しています。DC の学生の授業スケジュールにもよりますが，訪問時に学食で現地の学生と一緒に昼食をとりつつ，話し合う時間が取れることも研修学生には，有難いことです。

　実は DC の渡辺郁子先生と，Dennis Washburn 先生は，一度たまたま訪日時に所沢キャンパスを訪問され，翻訳の難しさ，意義について講義をしてくださったことがあり，早稲田大と DC 相互での交流は今も続いています。

　活動 13)　歴史的な文化遺産の見学，訪問

　事前準備段階での輪読用資料「アメリカ史」につながることを自分の身体，五感を使って実地検証することが狙いです。17 世紀半ばに，英国清教徒がなぜオランダを経由して，The MayFlower 号で，命をかけて大西洋を渡ったのかということを現地の案内で深く理解します。どのような経緯を経て Massachusetts 州 Plymouth に到着したのかということをまず座学として理解し，現地大学で歴史の講義を受け，その後実際にその地に行って確認します。教科書には載っていないような事，入植からの 100 年間のこと，Native Americans との関係の変化などについても現地のガイドの話や資料で知り，理

解を深めます。そのような本からの学びに実体験の経験を加えることで，より適切な知識が定着することになります。参加学生の知識によっては，自分の解釈や理解を確認したり，修正，再構築することになり，それはこの研修での特色でもあります。

　Boston 茶会事件がなぜ起きたのか，Freedom Trail を歩きながら，独立戦争時代の議事堂，教会などに残っている資料を理解しつつ，独立戦争への道，米国の苦悩の時代などについても各自のペースで歩きながら理解します。

　活動 14）　文化，歴史，産業，芸術，学術に触れる活動

　研修後半で滞在する Boston はもともと，NY と違い，戦いの歴史を持った一大文化都市で，京都の姉妹都市という歴史的なつながりのある都市です。入植から，独立戦争までの経緯が複雑で，他国が絡み合っています。現代あるような展示館，展示物の鑑賞も正統的ではありますが，米国が抱えてきた苦しみ，勢い，迷い，内部問題などは実際に現地で体感する以外に，「生きた教科書」以上のものはありません。

　産業の発展史というものも学べます。それは，17 世紀の Plimoth Plantation から，19 世紀の米国東部の生活がわかる Old Sturbridge，19 世紀の紡績工業（Lowell）の発展という流れが Boston を中心に，Massachusetts 州に集中していることが現地を訪れるとわかります。Lowell の訪問は，斎藤義雄氏（本書第 2 部参照）とのつながりで実施できたことです。2019 年現在まで数回しか実現しておらず，今後の課題にもなる活動だと思います。

　その他の訪問・活動例（各訪問年度によって実施したことは異なります）

• 大学の施設見学や利用（フットボールスタジアム，トレーニング complex，Ohio Union，Airport 見学）
• 大学の放送局 WOSU の見学
• ダンスインストラクション
• Boston College でのフットボールゲーム応援
• MLB 観戦
• 現地在住の斎藤氏宅での Thanksgiving dinner（材料購入，料理方法，食事，片付けまで）
• 和風洋風の DC の先生宅訪問

表序-1　オハイオ州立大学での研修日程の例

第1日	空港到着後　空港で野田教授よりオリエンテーション
	その後タクシーでホテルまで移動　夕食を兼ねて翌日の活動の打ち合わせ
第2日	各自適宜ホテルで朝食をとり，大学までタクシーで移動
	予定された教室にグループ毎に移動して授業でプレゼン，授業補佐
	複数の日本語レベルの異なるクラス（レベル1〜3）で同様のプレゼン
	昼食後また別のクラスでプレゼン
	現地校の授業を受講
第3日	ホテルから見学する高校にタクシーで移動
	見学後大学で昼食
第4日	大学付属の放送局（WOSU）を見学
	学生同士で食事会
第5日	早朝の便で次の研修地，ボストンに移動

（注）　毎晩，21時にはホテルで1時間程度その日の反省会と健康チェック，翌日の活動の確認　英語表現や交渉の仕方について疑問があれば必要に応じて説明

- Izabella Gardner Museum
- Plimoth Plantation
- Pilgrim Hall Museum
- Salem 訪問（Witch Museum, whale watch, House of Seven Gables 見学，etc.）
- Boston（T）ransportation
- Union Oyster House
- Wrentham Premium Outlet
- Duck Tour
- 現地で最大の bookstore 利用
- 地元民のみ利用する巨大 Shopping Mall 利用

　私たちが実施している研修は開始以来，一人の引率教員と計3名の歴代助手が適宜，裏方として「足場がけ」作業を熱意を持って継続して行っているのが大きな特色だと考えています（本書第2章，第3章参照）。研修地のことに何年かの在住経験知がある教員と，事情をよく知り，学生をよく知っている助手や，ときには大学院生が裏方としてあちこちで，参加学生の主体的な活動がスムーズに進むように，必要最低限の準備をしています。

　しかし，実際に自分たちの判断で活動を進めるのは3年生自身であり，状況判断は毎時その状況で下すことになるので，実際にはそういう他からのア

ドバイスもそれほど役には立たないことも多くあります。ほとんどがその状況において判断，決断，行動することになります。

　特色の第2は，このように参加学生の自主的で主体的な活動があって研修の多くの部分が成り立っていることです。お決まりのことは少なく，大枠は決まっているにしても，内容，方法は個別，グループ別に異なっており，また，準備期間でも変化，変容していきます。同じ部屋で2週間近く寝起きを共にするという「活動」でも自主性と個性が鍛えられます。

　研修を通して，毎晩21時には1時間程度，ホテルの部屋で全体ミーティングを行っています。目的のひとつは安全 – 危険面の確認のことです。研修では，常に安全であることを想定して活動の予定は立ててはいません。むしろ，あちこちに多少危険，つまり自分（たち）がその場，その状況で問題解決の判断をすることが多く含まれている研修ですから，盗難事件程度は想定済みではあり，大きな怪我，病気などについては，発生した場合を想定してそれなりの準備はしています。実際に現地で窃盗にあったり，紛失物があったりして，警察に自分たちで出向き，書類などの手続きをとったということもありますし，相手校の先生のお世話になり当直医に駆け込んだこともあります。指導教員は多くのことに関して「まず自分たちでなんとかしなさい。自分たちで考えて解決しなさい」ということを言ってあり，結果が出るまで待つということが常です。そして，たまにはアドバイスをすることもありますが，教条的な指導は，大きな危険が予想される場合以外は，行ないません。またあちこちで発生する交渉ごとに関しては，研修全体を通して日常ごとであり，常にグループのため，自分のために交渉をするという主体的な学びの作業はあちこちに埋め込まれています。それを毎晩のミーティングで還元し，情報の共有をします。研修後半は，自由行動，個別行動が原則となっているため，前半の大学での活動である程度の交渉経験を積んでおくことは不可欠です。

　最後に，再度，この研修が18年間継続できている最大で重要な特色は，相手校の先生方，スタッフ，現地の人々の陰日なたによる支えであることは間違いありません。次章から，研修のこれらの活動が紹介され，批評されています。短期海外研修を実施している方，これから実施を考えている学校関

係者，あるいは参加生徒・学生の保護者の皆さん，教職を目指している人たちにとって，この研修のどこかの部分や活動が，何かの参考になってほしいと思います。

【参考文献】

Cummins. (1984). Wanted: A theoretical framework for relating language proficiency to academic achievement among bilingual students. In C. Rivera (Ed.), *Language proficiency and academic achievement*, pp. 21-38.

Dewey, J. (1938). *Experience & Education*, Free Press.

ガーゲン，K. J. 著，永田素彦・深尾誠訳. (2004). 社会構成主義の理論と実践　関係性が現実をつくる. ナカニシヤ出版.

楠見孝. (2012). 第2章　実践知の獲得. 金井壽宏・楠見孝編. 実践知. 有斐閣.

Lave, J. & Wenger, E. (1994). *Situated Learning Legitimate peripheral participation*. Cambridge University Press.

ショーン，ドナルド著，佐藤学・秋田喜代美訳. (2001). 専門家の知恵. ゆみる出版.

吉田研作. (2003). 新しい英語教育へのチャレンジ. くもん出版.

第1部

活動の意義を問い直す

第1章

研修前後の振り返りからわかること

保﨑　則雄

　本章では，実際に研修に参加した学生の自己評価を3年分まとめて報告します。この研修では，研修の前後に全参加学生に対して，まったく同じ項目での「研修アンケート」を実施しています。その定量的な比較も含めて，この研修の参加者は何を学んだのかを紹介します。

　留学という枠での分析としては，比較的短期間の留学を終え，日本にリエントリーした学生への聞き取り調査を行った研究で，「帰国後の自分の変化」という項目が指摘されています（ジャフィーほか，2013）。また，帰国後の変化に関して，PAC分析を基に調査した結果，短期間の海外滞在でも異文化接触を経験したことで，価値観が覆るような体験をしたという報告もされています（渡部，2009）。さらに，短期留学プログラムの教育的な意義や，参加者自身の参加態度に関して，参加者の事後の振り返りの重要性を示唆するものもあります（Perry, Stoner & Terrant, 2012）。ただ，短期海外研修については，大学が主体となって大規模に実施するような単年度プログラムの報告分析が多く（八島，2004），一人の引率者が中心となって何年も継続的に実施した結果を分析したものはほとんどありません。

　こうした大規模組織によらない，より小規模な研修の例として，英国医療福祉系のNPOの仕事にインターンとして半年間従事した学生が，毎週英語で書いたレポートがあります。この学生は，仕事を把握，理解することで，周辺的な参加から十全的な参加をするに至ったと報告しています（土性・保﨑，2014）。比較的長期に渡る留学期間における言語，文化の学習効果について述べた報告（保﨑ら，2015）や，海外体験を中心とした実践での大学生のコンピテンシーの質的な変化を指摘する研究などもあります（中谷・梅村，2013）。

　私たちが短期海外研修において実践している協働作業は，常に対話がベースになっています。学生たちは合目的的な活動に参加しつつ，反駁，説得，合意形成を日常的に他のグループ員との間で行い，自分の言葉を確かめ，決定していきます。学生たちにそうした行動をとらせるための工夫が，活動のあちこちに埋め込まれています。

　以下に，学生たちは短期海外研修という教育実践活動に参加することによって，どのような点に満足したか，それはどのような活動内容と関連しているのかを明らかにします。これらの点を明らかにすることは，次年度以降の活動をさらに充実させることが狙いでもあります。

1　方　　法

- 調査対象者：大学3年生34名（男14名，女20名，平均21.03歳，SD 0.75）
- 調査対象期間：2013-2015年
- 研修実施期間：9月に10日間前後
- 研修実施場所：米国

　　　　　　　研修前半，Ohio 州の大学（Case Western Reserve University, The Ohio State University）

　　　　　　　研修後半，Massachusetts 州 Boston

1　研修前半の活動（Ohio 州）

1)　日本語クラス，文化クラスにて，日本文化に関するトピックについて，英語のプレゼンテーションを数回行いました（1回5〜15分）。普段当たり前のこととして強く意識していないような日本文化の紹介を，英語と日本語，そしてそのクラスの日本語習熟度に応じて bilingual で伝えることによって，認識を新たにすることが狙いでした。

2)　日本語クラスに2，3人ずつ入って，TA（Teaching Assistant）としてペア，グループでの会話練習などの活動をし，外国語としての日本語教育に参加しつつ，理解しました。

3)　大学のミニ講義を受け，質問し，コメントを述べました。毎年，研修校

の先生には「米国開拓史」などの特別講義を組んでもらっています。米国の大学での授業参加を「普通ごと」にする狙いがあります。

4)　現地の IB 認定小学校を見学し，質問をします。日本とは異なった 10 の学習理念（探究，知識，思考，コミュニケーション，信念，心を開く，思いやり，挑戦，バランス，振り返り）を理解します。

2　調査方法

研修の 1，2 週間前と，研修後帰国して 1 週目に，研修参加学生に同じ内容のアンケートを実施しました。質問は 14 項目あり，1～5 の五段階尺度評価を用いました。研修前は「研修で学ぶと思われることは何だと思うか」という問いに対し，その答えと理由（自由記述で 1～2 行）を記述してもらい，帰国後は「研修で学んだと思うこと」とその理由を 1～2 行で記述してもらうという形式です。

質問内容は，言語習得，文化理解，自分自身，プレゼンテーションの仕方，団体行動について，などです。

3　分析方法

本研究では，分析 1 として，統計的な分析（対応のある t 検定）を行い，研修前後の自己評価の違いを調べ，さらに分析 2 では，「研修の満足」がどのような研修の内容と関連しているのかということを，重回帰分析を用いて調べました。

2　結果と考察

1　分析 1「研修前後の学びの相違」

両群（研修前－研修後）の分析の結果，統計的に有意な差が見られた項目を中心に分析，考察します。

参考までに，両群間で有意な差が検出されなかった項目は，「1.　英語の使い方について」「2.　団体行動の在り方について」「3.　プレゼンの仕方について」「4.　異文化交流について」「8.　日本人以外の人との付き合い方」「9.　マ

ナー，立ち居振る舞い」「10. ものごとの交渉のしかた」「11. 時間感覚について」「13. 日本人について」「14. コミュニケーション力について」でした。

研修前後でのアンケート項目

質問　1.　英語の使い方について

　　　　2.　団体行動の在り方について

　　　　3.　プレゼンの仕方について

　　　　4.　異文化交流について

　　　　5.　現地の習慣，文化，歴史などについて

　　　　6.　米国学生気質，行動などについて

　　　　7.　物価，金銭感覚について

　　　　8.　日本人以外の人との付き合い方

　　　　9.　マナー，立ち居振る舞い

　　　10.　ものごとの交渉のしかた

　　　11.　時間感覚について

　　　12.　自分自身について

　　　13.　日本人について

　　　14.　コミュニケーション力について

　　　15.　危機回避について（研修前）

　　　　　自分の学問的欲求について（研修前）

　　　　　教え方について（研修後）

　　　　　教育現場の違い（研修後）

　　　16.　海外での能動的な行動（研修前）

　　　　　体調管理について（研修前）

　　　　　複数の作業を掛け持つ力（研修後）

　　　　　事前準備の大切さについて（研修後）

※ 15, 16 は学生が自分自身で考えた質問で，ここではその例を挙げました。

　まず，質問 5 の「現地の習慣，文化，歴史などについて」は，事前の評定平均値は 3.7 だったのに対し，事後の評定平均値は 4.3（t = 3.2, df = 33, p

＝.003）となりました。参加学生 A は，研修前には「**アメリカに住んでいる人ときちんと交流をしたことがない**」とコメントしていましたが，研修後は「**アメリカ人の母国の歴史に対する態度が学べ，同時にアメリカでは自分が動いていかなければ生きていけないのかもしれない**」と振り返っています。また学生 B は，研修前は「**資料などである程度は知る事ができるだろう**」とコメントしていましたが，研修後は「**実際に歴史的なものを観て，現地の人と関わることができた**」と実体験の重要性に触れています。これは，書物からの学びと，実際の状況における経験や学びは，内容や深さの点で異なるということを示したものと考えられます。

　次に，質問 6 の「米国学生気質，行動などについて」という項目では，研修前の評定平均値 3.6 が研修後は評定平均値 4.1（t＝2.5，df＝33，p＝.019）に変化しました。

　研修後，学生 C は「**現地学生の大学に対する考え方が全く違った**」，学生 D は「**明らかに日本より学業に対するモチベーション，ベクトルが違うと感じた**」と述べています。この変化は，普段映画，メディアで知る米国学生気質というものは，頭ではある程度見聞きしていてわかったつもりであっても，いざ実践の場で自分が参加しつつ経験すると異なって感じるということであろうと思われます。短期海外研修で活動をする米国中西部の平均的な米国人学生の理解とのギャップはあったと思われます。アメリカ中西部の平均的な大学生との交流を実際に多く経験して，気づいたということでしょう。

　質問 7 の「物価，金銭感覚について」という項目は，米国での買い物を通じ，実際の物価と米国人の金銭感覚を目の当たりにして気づいたことが多いということを表していると考えられます。研修前の評定平均値 3.0 は研修後には 3.7（t＝3.4，df＝33，p＝.002）となっています。研修前のコメントでは何名も，日本とあまり変わらないだろう，あまり気にならないだろうと述べていたのですが，研修後は学生 E「**いくつかの地域を回ったので物価についてはかなり学べた**」，学生 F「**地元のスーパーでの何回もの買い物から学んだ**」と述べています。スーパーでのクーポン券の多用，交渉の様子などからも学ぶことは多かったと言えるでしょう。こうしたことは些細ではありますが，実際に自分が毎日の買い物で現地の通貨を使用し，また他の人の言動を観察

し，体験してみて初めて気づくことです。

　さらに，質問 12「自分自身について」という項目では（研修前の評定平均値 3.8 が研修後は 4.4）（t＝3.0, df＝33, p＝.005），研修前は**「新たな価値観が身に付きそうです」「自分をもっと出し，目立つようにしようと思う」**とコメントしていた学生が，研修後の振り返りでは**「海外という異空間にいたことで自分に不足している点が見えたと思う」「自分の興味ある分野が明確になった」**と具体的な内容のコメントをしています。参加学生は，全体として時間配分，移動のクラスなどの情報を共有し，かつ，発表時には同じ方向を見つつ，効果的な伝えをし，まとめあげるという活動に，一人ひとりが関わります。このようなグループ単位で寝食を共にする「知的な心体活動の具現化」は，皆初めて経験することだと思われます。そして，自分の性格，行動を仲間の目や言葉を通して認識する，自覚させられる，あるいは指摘されるということが多かったようです。グループ内の学生で英語力があったり，海外在住経験のある学生が未経験の学生に教えたり，また，在外経験の浅い学生が経験者の言動から学び取るということも，毎年観察されます。

2　分析 2「研修の満足度」

　この分析では視点を変えて，研修に対する満足度を目的変数として，どのような説明変数が有意な偏回帰であるかを示し，何か特徴的な項目間の相関が見られるか明らかにするために，重回帰分析を用いて調べました（図 1-1 参照）。

　比較的高い偏回帰係数（.600 以上）が認められた 5 つの項目（＝説明変数）について考察します。

　まず，質問 3「プレゼンの仕方について」が，満足度に対して強い偏回帰（.771）を示しました。このことは，研修前に実施している英語プレゼンテーションのワークショップや，日頃からゼミの活動で行っている，日本語でのプレゼンテーション，メディア制作を重視して，指導も丁寧に行っていることと関連していると思われます。ただ，日本人学生にとって，英語で発表することはある程度事前練習が可能ですが，その場で突然聞かれること，説明に窮するような文化，慣習に関するような質問に英語で対応することはかなり難しいことであることは間違いありません。初めての場所での実践，英語

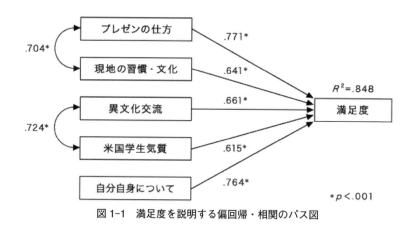

図1-1　満足度を説明する偏回帰・相関のパス図

を母語とする学生集団の前での実践，さらに相手校の学生の日本語でのプレゼンテーションを聞く機会を通して，互いの言語でのやり取りで，気がつくことが多いと思われます。それを裏付けるように，研修後のコメントで，**「実際にその場で見ると客観的な判断ができたと思う」「今までのプレゼンは独りよがりのものであった」「プレゼンは臨機応変に対応すること，瞬発力も大事」**というようなコメントにも学びが表れていると解釈されます。

　異なるプレゼンテーションのスタイルを実際に間近に見て，何かに気づくということが研修前の予想よりも多く，それが満足につながっていたということでしょう。現地教員が講義で行う映像の効果的な提示，オーディエンス参加型・協力型，日本語の挟み方，表情の豊かさ，大きな動作，資料の提示方法の違いなどを，英語での言語活動を通して経験したということです。

　次に，質問5「現地の習慣，文化，歴史などについて」という項目が，満足度にやや強い偏回帰（.641）を示しました。このことは，大学内外での活動，言動が現地でのやり方に根ざしたものであり，そのことは実際に経験を重ね，省察し，次の問題解決に向かうということの連続であったことと関連しているのでしょう。**「現地ならではの祝い方で食事ができた」「現地に関する事前学習は重要」「今回の研修を通じて，日本の文化にも強い興味が湧いた」**という事後の振り返りコメントにも，このことが記載されているようです。

　また，質問4「異文化交流について」が，満足度にやや強く偏回帰してい

ること（.661）については，相手校での活動の一つである Show & Tell（Japan Open House）の時にも，その場でデモンストレーションをするような習字，けん玉，駄菓子の食べ方，マンガの紹介などの活動を通して，伝え方の交流のような場面も見られたことが，「異文化交流」の満足度につながる結果に表れていると考えられます。「**欧米とアジアの違いを感じた**」「**日本のことに興味を持ってくれて嬉しかった**」「**日本の文化を伝えられてよかった**」「**実際の場所で聞いた話が有意義だった（プリマスでの実寸大のレプリカのメイフラワー号見学と再現されている当時の農場の見学）**」

　実際に，おつりの計算の仕方が異なることや，就職に関する意識の違いなどについて，日本人学生が驚くこともしばしばありました。

　次に，質問 6 の「米国学生気質」を間近にみる時間が長く，またキャンパスでのさりげない様子や彼らとの関わり，会話，諸活動を目にし，共にしたようなことが，理解を深めることにつながり，それが満足度に反映されていると考えられます（.615）。「**歩く歩幅が広く，自信を感じた**」「**学生の大学に対する考え方が全く違うように感じた**」「**積極的に発言，質問する姿には私たちも学ぶべきだと思った**」

　やはりこのようなことでも，経験を通しての気づき，学び，経験をつなげるような学びの意味付け（デューイ，2004）ということが生起されたと推測されます。

　一方，質問 12「自分自身について」という項目が，研修参加の満足とかなり強い偏回帰（.764）となって表れています。研修期間を通じて毎日自分の言動，性格について気づかされたことが，研修後の「満足した」という評価につながっていることが非常に興味深い点です。学びの深さと同様に，自分自身について再発見したり，気づかされたりしたことが，研修参加の満足度に強くつながっているということは，日本にいてはなかなか気づかず，また経験もできないことかもしれません。事後のコメントでは，「**集団行動を通して，自分に足りないものが何か様々な場面で痛感した**」「**他人の話しを聞き，インスパイアされた**」「**自分がどういう人間であるのかわかった**」「**興味を持ったことは取り敢えずでもチャレンジしてみようと思った**」「**海外で自分ができることとできないことがわかったような気がする**」「**アメリカが**

自分に合っているように思った」というような発言があって，自分を見つめ直したことが指摘されている点も興味深いです。

　実際には差別されるようなことも，この研修で経験します。そのようなときに，自分のアイデンティティを考え，確認し，米国人に対するだけでなく，同行の仲間と「**自分が周りと異なっていること**」を生まれて初めて意識させられます。日本人だから同じ，という解釈ではなく，お互いが個々の性格，判断，価値観を持っていることが再認識されたということでしょう。このようなことは，実践活動をしながら省察する活動として意味を持つと思われます。

3　おわりに

　本章では，近年3年間の短期海外研修に参加した学生が学ぶであろうという研修前の予想と研修後の振り返りについて比較分析し，報告しました。一研究室という比較的小規模，少人数の大学生グループが，3年間に渡って，教育実践活動として10日間程度の米国研修に参加して様々な気づき，学びを経験してきたことの分析です。

　参加学生は問題が起こる度に，共同でことにあたったり，協働してプレゼンを修正したり，あるいは，一人で四苦八苦したりと様々な経験をしています。その多くが英語使用環境での自分のコミュニケーション力や，プレゼンテーションの技術などに関連している実践でもあり，気づき，学びも多かったということでしょう。

　今後も続く研修として，毎年共通のことを行い，年度ごとに異なる参加者が新しい試み，活動を主体的に組み込んで継続しつつ実施することが，一つの特徴だと言えるでしょう。

【付記】本研究の一部は，平成24〜26年度科学研究費補助金基盤研究（C）（課題番号24520713）を受けて行われました。

【参考文献】

ジャフィー，ポール・富岡美和子．（2013）．リエントリーショック〜帰国後も成功する留学に向けて〜．龍谷大学国際センター研究年報，第 22 号，15-30．

デューイ，ジョン．（2004）．経験と教育．講談社学術文庫．

土性香那実・保﨑則雄．（2014）．大学生の Study Abroad で身につく力とその発生の分析．外国語教育メディア学会第 54 回全国研究大会，80-81．

中谷礼美・梅村尚子．（2013）．海外体験学習における学びの質的変化を促すコンピテンシー評価の有効性．広島大学国際センター紀要，第 4 号，15-28．

保﨑則雄・長濱澄・土性香那実・若山修也・藤城晴佳．（2015）．様々な内容，目的を持った Study abroad の広がりとそこから得られる学び，課題について．第 21 回大学教育研究フォーラム発表論文集，340-341．

Perry, L., Stoner, L., & Tarrant, M. (2012). More than a vacation: Short-term study abroad as a critically reflective, transformative learning experience. *Creative Education*, 3(5), 679-683.

八島智子．（2009）．海外研修による英語情意要因の変化：国際ボランティア活動の場合．*JACET Journal*，49，57-69．

渡部留美．（2009）．短期海外研修プログラムにおける参加者の体験と意識変容—参加者に対する PAC 分析の結果より—．大阪大学留学生センター研究論集，第 13 号，15-30．

藤 城 晴 佳

第2章

プレゼンテーションを通した学びの往還

1 は じ め に

　米国研修におけるプレゼンテーション活動を一言で表すと,「歯ごたえのある学び」ではないでしょうか。

　本章では,まず世間一般に周知されているプレゼンテーション（以下,プレゼン）についてまとめ,米国研修でのプレゼン活動の特色について解説します。そして,本活動の概要を説明するとともに,参加学生→研究室の上級生→引率教員補助として指導に関わってきた筆者の視点から,プレゼン活動を振り返ります。さらに,学術的な理論背景を踏まえ,プレゼンについて捉え直しを試みます。

　筆者は,学部3年生時に初めて米国研修に参加しました。それから,研究室の先輩になり,その後現職である早稲田大学の教員となり,今日まで8年間継続して英語プレゼンの指導をしてきました。

　しかし本心では,プレゼン活動で「指導」という言葉を使用することについては,大きな違和感を覚えます。なぜなら,この研修では経験から学びを捉えているからです。学生[1]は自分たちでプレゼンのテーマを決め,準備をし,練習会で先輩からコメントをもらい,グループごとに振り返りを行い,フィードバックをもとにプレゼンを修正し,改めてプレゼンをつくりなおす,

---

1)　本章における「学生」は早稲田大学保﨑研究室所属の学生を指します。また,「3年生」は該当年に米国研修に参加している保﨑研究室所属の大学生,「現地学生」は Case（Case Western Reserve University）大生または OSU（The Ohio State University）大生を指します。

というサイクルを最低 2 回以上行います。

　本章「5　まとめ」で詳細を説明しますが，本活動では，「個別化された学び」と「協働化された学び」が相互に行われています。加えて，学生同士でリフレクション（振り返り，省察）を行うことにより，プレゼンテーションという表現活動を通して，学びの行き来が行われていることが一番の特色であるといえます。

　2019 年現在，筆者は早稲田大学でプレゼンの授業を担当しています。授業内容は，大学生を対象に，英語および日本語によるプレゼンの指導を行うというものです。また，小学生から社会人を対象とした身体表現活動ワークショップも学内外で行っています。こうした活動におけるプレゼンと米国研修でのプレゼンの違いはどこにあるのでしょうか。第 2 部の「今，活動を振り返って再評価する」でも多くの卒業生が話題にあげていることからわかるように，米国研修の中心活動といっても過言ではない英語プレゼンについて，紐解いていきます。

2　プレゼンテーション

　プレゼンテーションは，ビジネスの場だけではなく，教育現場やテレビ番組など，日常生活の中でも頻繁に耳にすることがある言葉です。プレゼンテーションという言葉は，使われる状況やコミュニティ，受け取り手の考えなど，その場，その時，その人によって，様々な意味合いをもっています。

　以前，筆者が担当しているプレゼンの授業で大学生に対し，「プレゼンテーションとは？」というテーマでグラフィックレコーディングを行いました。大学生からは「グループでまとめた情報を人に伝える」や「頭の良い人たちがクールなスライドを使って歩きながら話すこと」，「恋愛にも似た，人と人とのコミュニケーション」など，20 人弱のクラスでも一人として同じ意見がなかったことが印象に残っています。

　研究においても，プレゼンの定義については多様な学説が存在しており，「聴き手の思考を促進させ，想像力を豊かにし，新しい発想や発見を誘発する営み」（井庭，2013）や「物事をわかりやすく説明する技術と，思いを伝え

るための技術の両方と，さらに様々なテクニックを使って不特定多数の聴き手を感動させて，人を動かすためのコミュニケーション術」（蔭山，2011）など，一言では言い表せないことがわかります。教育活動でのプレゼンには，グループワークの一環として教室内で発表を行ったり，show and tell のような一人語りとしての活動などがあります。「プレゼンテーションとはなにか？」の問いに対して簡潔に答えるのは難しいのですが，一人以上の単位で行う，物事を相手に対して伝えるコミュニケーション活動であることは，どの領域に関してもいえるのではないでしょうか。

3　米国研修における英語プレゼンテーション

　2019年現在までに，保﨑研究室の学生は，18年間プレゼンを行ってきました。例年，5月頃からプレゼンのテーマを決め，グループごとに準備をします。各期やそのグループにもよりますが，テーマ決定から発表までの流れは以下のようになります。

1　テーマ決め

　昨年度までの発表テーマを考慮しながら，まず全体としてどのようなテーマで英語プレゼンテーション（以下，英語プレゼン）に取り組むのか，話し合いをします。話し合いは，毎週行われるゼミ活動（1時限90分を連続して2時限）内に3年生主体で行われ，2〜3週間ほどでテーマを決定します。例年，三つのテーマに絞り，各グループ2〜3名でプレゼンに臨むことが多いです。

　英語プレゼンのテーマについてみてみると，広い範疇で英語プレゼンが行われてきたことがわかります（テーマの詳細については本書序章，第4章を参照）。また，年代を追うにつれて，テーマが工芸品に代表されるものつくりから，ポップカルチャーや一人遊びに変容してきているのも特徴の一つといえます。

図2-1　Case大（2013）での英語プレゼン「部活動」

2　グループごとに準備

　テーマが決定したら，約3ヶ月間グループごとにプレゼンの準備を行います。詳細については後述しますが，この3ヶ月の間に2回ほど，練習会として研究室全体で集まり，プレゼンの予行練習を行います。グループごとの準備といっても，その進行速度や準備の仕方は様々です。実際に染物工場に見学に行き，体験の様子を動画に収めたり，落語の勉強として日々寄席に通い詰めたり，テーマについて大規模なアンケート調査を行ったり，某バラエティ番組風のロケ動画を製作したり，2018年の食品サンプルについてのプレゼンでは，実体験の動画のみでなく，自宅にて何度も試作品を作ったりしたなどなど，ここでは書ききれない程多岐に渡ります。

3　第1回練習会（8月）

　8月中旬から下旬に行われる第1回練習会では，英語プレゼンを行い，先輩方や保﨑教授からコメント，アドバイスをもらいます。練習会は終日かけて行われ，午前中に1回目のプレゼンを行い，もらったフィードバックをもとにプレゼンの修正を行い，昼食後に2回目のプレゼンを行います。3年生は，30分から1時間という短い時間の中で修正作業を行わなければなりません。これは現地（米国）での状況を踏まえて，あえて短い時間での修正にチャレンジしています。もちろん本番で失敗は許されませんし，その場，その時，そ

の目的，その環境に適したプレゼンをしなければなりません。したがって，「臨機応変な対応力」を培う意図も含め，修正時間は短めに設定されています。短時間で全てのフィードバックを反映させることは難しいので，その場で修正できることと，練習会後に時間をかけて改善することの取捨選択が必要となります。

　具体例をあげると，2013年第1回練習会で【日本のメイクアップ】について発表したグループは，「内容が薄くて伝わってこない」「文字情報ばかりで共感できない」と，上級生や保﨑教授からフィードバックされました。当初のプレゼン内容は，女性雑誌から引用したものであったため，約1時間の修正作業では，日本における化粧の歴史について調べることに時間を使いました。2回目の発表には，なぜ現在のような化粧の仕方になったのか，日本における化粧文化の変遷についての情報が反映されていました。「文字情報ばかりで共感できない」というフィードバックに対しては，練習会当日中に修正することは不可能と判断し，その後，第2回の練習会に向けて，自分たちで実際のメイク動画を撮影し，現在の流行りメイクについて説明し，オーディエンスに共感してもらえるように工夫しました。

　現地でのプレゼンでも即座に修正できる点は，発表後10〜30分程で修正し，その後のプレゼンに反映させています。また，修正に少し時間が必要な場合は，1日目の夜にホテルで修正を行っています。この，すぐに修正できない部分を今後どのように指導していくかは，課題が残る部分だと考えています。

〈学生の様子〉

　この8年間，学生たちの練習会の様子をみてきましたが，大多数の3年生はまず徹夜したまま真っ青な顔で練習の場に現れます。最後の1秒まで原稿を覚えようとブツブツ何かを言っている人や，ノートパソコンに突っ伏して寝ている人，エナジードリンク片手に変なテンションになりケラケラ笑っている人と多種多様ですが，この練習会に現れる保﨑教授は実に独特な雰囲気をしています。独特な雰囲気と書きましたが，保﨑教授が一瞥しただけで，細い糸が四方八方にピーンと張り巡らされるような緊張感が漂い，学生たちの背筋は自動的に伸びます。

　この 8 月の練習会で，人生で初めて英語プレゼンを行うという 3 年生も少なくありません。普段はひょうきんなムードメーカーも，人生を斜に構えていて毒舌コメントばかりしている人も，この日ばかりは，みんな同じようにかしこまって緊張しています。

4　第 2 回練習会（9 月）

　2〜3 週間の修正期間の後，3 年生は第 2 回練習会に臨みます。第 1 回練習会で先輩や保﨑教授からもらったフィードバックをもとに，「自分たちはプレゼンを通して何を伝えたいのか」，「どのような工夫をしたら効果的に伝えられるか」など，試行錯誤しながらトライ＆エラーを繰り返し，プレゼンの修正を行います。

　この第 1 回，第 2 回練習会には研究室に所属している 4 年生や大学院生，卒業生が自主的に参加しています。4 年生は前年研修に参加し，プレゼンを行なってきたので，鮮度の高いコメントや，現地の教室に関する情報提供，オーディエンスや実際プレゼンを行った感想などのコメントが多くなります。大学院生は，1 回以上研修に参加している院生が大半ですので，「現地学生は日本の何を知りたいのか考えた方が良い」，「言語に気を取られすぎていてプレゼンの内容が薄い」など，かなり厳しめのコメントもあり，ある種，メタ認知の視点でプレゼンを俯瞰している様子が伺えます。卒業生は会社の休みを利用して自主的に練習会に参加してくれるのですが，「この活動は社会に出てからも必ず役に立つ」，「パワーポイントスライドのみでなく，実物を持参する」などの実践的なコメントを残していきます。

　ここでは，研究室内の学びが卒業後も継続していることが推測されます。同時に，卒業生はこの練習会に参加することにより，現時点から 3 年生であった当時の自分を振り返っているようです。

　例年，第 2 回練習会では，プレゼンの精度がぐっと上がり，立ち振る舞いや使用している英語が，第 1 回練習会に比べて洗練されている印象を受けます。それは，3 年生が第 1 回練習会でもらったフィードバックを真摯に受け止め，先輩や保﨑教授に助けてもらいながら，自分たちなりのプレゼンを創造しているからです。卒業生の話を聞くと，多くの学生は第 1 回練習会でこ

てんぱんに指摘されて，本気でプレゼンテーマに向き合う傾向があるようで
す。第 1 回練習会後にプレゼンテーマを大幅に変更し，2 週間毎日合宿状態
でプレゼンを作り上げるグループも過去にはありました。

　第 2 回練習会では大きな変更などはなく，細かい英語の言い回しや，スラ
イドデザイン，身振り手振りについてのコメントが多く，先輩や保﨑教授も
より良いプレゼンを目指してポジティブなフィードバックを行います。

5　最後の詰め

　第 2 回練習会後は，1 週間ほどかけて最終調整を行います。この期間に可
能な限りプレゼンの修正を行ったり，プレゼンで使用する備品の買い出しを
したり，他グループとも協力してプレゼンの精度を上げていきます。研修開
始日より前に渡航し，現地集合する 3 年生もいるため，グループによっては
対面とオンラインでの話し合いを行い，準備を進めます。

　渡航する年によっては，現地入りしてからも連日ホテルの部屋やロビーで
プレゼンの練習をして，お互いに英語のチェックを行い，3 年生はプレゼン
を研磨するために時間を注いでいます。

6　当　　日

　3 年生が，どのような長さのプレゼンを，どのようなクラスで，何回程度
行うかは，その年や受け入れ大学の状況により異なります。詳しくは第 4 章
を参照してください。

　3 グループが同時に別々のクラスでプレゼンを行うこともあれば，一つの
クラスで 3 グループが連続でプレゼンをすることもあります。あるクラスで
は 10 分でプレゼンをしたのにも関わらず，違うクラスではいきなり 3 分で
お願いします，というように，3 年生はフレキシブルな対応が求められます。

　また，1 日に何度もプレゼンを行う場合は，1 回目のプレゼンを終えてから，
3 年生たちは自主的にミーティングやリフレクションを行い，次回のプレゼ
ンに向けて修正を行います。この時の修正作業は，非常に時間も限られてお
り，見ているこちらがドキドキしてしまうほど緊迫したものがあります。し
かし，3 年生は短時間での軌道修正を練習会で経験し，体得していますので，

練り上げてきたプレゼンに対する新たな視座の取捨選択を即座に行い，質疑応答で出た質問は次回のプレゼンに向けて再考しています。

＊

ここで，2016年に渡航した楢原ゆかりさんへのインタビューデータをもとに，落語についてのプレゼンを例にあげ，３年生たちのテーマ決定から渡航までの準備の様子を時系列に沿って紹介します。

6/18

学部ゼミ生10名が３グループに分かれてテーマを決めた。
「駄菓子」「オタク文化」「文房具」

6/30

保﨑教授からテーマの考え直しを提案され，保﨑教授も一緒に案を出しながらテーマの最終決定を行った。「落語」「温泉」「文房具」
グループ分けは各自希望制にし，英語が得意な学生３名は違うグループになるよう編成した。

7月中

ゼミ活動の一つである埼玉県庁中小企業プロモーションビデオ製作の納期が迫り，グループでプレゼンに向けた活動はしていない。
しかし，心にはいつも焦りがあった。

8/1

落語を実際に観に行くため，浅草園芸ホールへ寄席を聴きにいった。
対面とオンラインでプレゼンの話し合いを進めた。加えて，落語協会に連絡を取り，噺家を対象としたインタビューのアポイントメントを取った。

8/7

初めて，グループメンバー全員が対面で集まりプレゼンの練習を行った。
事前にオンライン上で共有していた落語情報の確認や，プレゼンの構成を話し合った。

8/11　中間発表会＠早稲田大学東伏見キャンパス

研究室の先輩15名と保﨑教授，学部３年生が参加した。
プレゼンの内容が詰まっていなかったため，現状の報告だけになってし

まったことに悔いが残っている。

普段優しい先輩から辛辣なコメントをもらい，事の重大さを身をもって痛感した。

2時間で，プレゼンの修正を行った。

修正後，改めてプレゼンを行ったが，改善されている気持ちにはならなかった。

他の班も厳しいコメントをもらっていた。

8/12　噺家取材　新宿末広亭

午前中に1時間喫茶店で取材を行った。

午後は色物舞台を拝見した。

8/19および8/25

グループメンバー3人の予定が合わず，二人ずつ集まって練習を行った。

発表原稿を考え，模造紙の準備をした。

プレゼン担当についての話し合いや英語の練習を行った。

8/26〜　数日間研究室に泊まり込み

先輩からのコメントを改めて見直し，何度もリハーサルを重ねた。

8/30　メンバーの一人が研修前に渡航

扇子など落語で使う備品を残りのメンバーで手配した。

9月

現地のホテルで一度リハーサルを行った。

7　プレゼンテーション後

3年生はプレゼンが終わると心も解放されるのか，落し物をしたり集合時間を間違えたりするなど，小さなミスが多くなるというのが率直な印象です。プレゼンを行った3年生は，まず口を揃えて「質疑応答の練習をもっとしておけばよかった！」と言います。言語能力が至らず，質問内容が理解できなかったと落胆する人もいれば，質問内容は理解できたが，予想外の質問内容だったために答えられなかった，もっと事前に調べておけばよかったと後悔する人もいます。これは，事前練習でプレゼンの精度を上げなければならないということに縛られてしまうが故に，質疑応答まで指導する余裕がないこ

図2-2　Case 大（2013）での Show and Tell「小豆つかみゲーム」

とを表しています。

　質疑応答の時間に答えられない場合は「わかりません」という返答ではなく，「誰かフロアーにわかる人はいますか？」「今はわからないので後で調べて，改めてコンタクトさせてください」など，コミュニケーションをとるよう指導しています。質疑応答については，① 事前に質問されそうな事柄について調べておく，② 質疑応答時に使用するフレーズなどの練習が必要である，と痛感しています。冒頭で説明したように，プレゼンをコミュニケーション活動と位置付けるのであれば，質疑応答の時間を充実させることは，今後の最重要課題であり，指導する立場としても反省が残ります。

　しかしながら，日本での練習会では意識していなかった質疑応答についてのコメントが多いということは，それだけ学生のプレゼン力も向上したといえるのではないでしょうか。プレゼン時にうまく質疑応答ができなかった場合でも，その後の show and tell やおしゃべり会など，現地学生との交流活動を通して，なんとか補足説明ができた，という声も多くあります。

　さて，ここまでは体験談も踏まえながらプレゼン活動について記述してきました。米国研修における英語プレゼンの特色として，コミュニケーション活動をベースにしていることがわかります。米国研修でのプレゼンは，日本で暗記したものを発表するお披露目会ではなく，プレゼンを通して会場と相互理解を行うことを目的としているからです。このコミュニケーションを支えている活動として，参加者同士（学生や卒業生や教員）が行うリフレクショ

ンがあります。このリフレクションをもとに学生はプレゼンの「つくりなお
し」を繰り返し行います。ここからは「リフレクション」というキーワード
を念頭におき，やや学術的な話に踏み込もうと思います。

4　研究対象としてのプレゼンテーション

　コミュニケーション分野の研究では，西洋的な理論体系と日本的な理論体
系の違いから，人前でのスピーチやプレゼンについて違いがあるとされてき
ました（牧野・永野，2002）。米国研修と一般的な語学研修との違いとして，
送り出し大学と受け入れ大学の互恵性（詳しくは本書第7章を参照）があげら
れます。日本語母語話者である学生は，アメリカの大学で日本語授業を履修
している現地学生を対象に英語でプレゼンを行います。米国研修での英語プ
レゼン活動は，完璧な英語表現を暗記し，その成果を英語圏の大学で発表す
るというような，あらかじめ用意されたものではありません。プレゼンを通
して日本の魅力を伝え，同時に英語日本語バイリンガルの状況下でコミュニ
ケーションを行う即興的な実践活動です。

　次項では，英語プレゼンにおける① 学びの個別化・協働化，② リフレクショ
ンによる学びについて解説していきます。

1　学びの個別化・協働化

　学びの個別化とは，人それぞれ興味・関心や学びの速度が異なっているこ
とを前提にし，学びを進めることを意味します。換言すると，学習者全員が
同じことを，同じ方法，同じペースで行うのではなく，一人ひとりに最も
合った方法で学ぶことを「学びの個別化」といいます。しかしながら，単な
る学習の個別化は，学習者の孤立化につながる可能性もあると指摘されてい
ます。そのような状況を防ぎ，よりダイナミックな学びの環境を整えるため
には，「個別化」と「共同化（原文ママ）」を融合する必要があるといわれて
います（苫野，2014）。この学びの協働化とは，必要に応じて人の手を借りた
り，また人に力を貸すことができたり，言い換えると，互いに教え合い，学
び合える学びの環境と定義されます。

　米国での英語プレゼンは，前述した通り，コミュニケーションを行う即興的な実践活動です。そしてその学びには，あらかじめ用意された答えや正解はありません。学習者（米国研修では参加学生）は，渡航前の事前準備段階から，個別化された学びと協働化された学びを繰り返し行います。学習者の学びという視点から考えると，互いに教え合い，学び合える環境下でプレゼンの準備ができることは，米国研修における重要な要素であるといえるでしょう。そして，その環境は教員から一方的に提供されるものではありません。学習者が自発的に活動へ参加し，他者と意見交換を行い，お互いに高め合うという相乗効果から生まれるのだと考えられます。「答えのない問い」に向かってまず学習者は independent leaner（自律的学習者）となり，他者との協働作業を通して，主体的に取り組んでいく姿がそこには見受けられます。

　米国研修英語プレゼンにおける個別化・協働化された学びや，その学習効果については，関連した研究が複数発表されていますので，詳しくは第 1 章をご参照ください。学びの個別化・協働化を可能にしている要素の一つにリフレクションがあげられます。そして，このリフレクションが繰り返し行われている点も，この研修におけるプレゼン活動の特徴の一つであるといえます。

2　リフレクション

　リフレクションの訳語は，「省察」「反省」「内省」「振り返り」などが代表的ですが，その意味や範疇は，研究領域によって様々です。教育心理学用語辞典（岸本ほか，1994）によると，リフレクションとは，「多様な経験を繰り返す過程で，自分の活動を振り返ることによって，その活動の論理を引き出す思考」と定義されています。社会学者のメジロー（2012）は，リフレクションを「経験の意味づけを解釈し，意味づけを行う努力の内容とプロセスを，また努力の想定を批判的に評価するプロセスである。」としました。また，Critical Reflection（批判的省察）を提唱することにより，自分以外の他者とともに経験について考えるという行為の重要性を説いています。以上のことからもわかるように，リフレクションという概念は，その多義性と汎用性の高さから，各領域による解釈や意味合い，語句の使われ方に関しても差異が生じているのが現状であるといえます。

　教育学におけるリフレクションの代表的な理論に関しては，Kolb（1984）の経験学習サイクル，デューイ（2004）の経験の連続性の原理（the principle of continuity of experience）と経験の相互作用の原理（the principal of interaction of experience），そしてSchön（1983, 1987）の行為の中の省察（reflection in action）と行為についての省察（reflection on action）などがあげられます。上述した通り，リフレクションは多様な捉え方ができる概念ですが，自己/他者の振り返りが学びに影響を与えていることは明白です。また，学習の結果のみではなく，そのプロセスに着目している点も共通しています。

　教育実践研究に目を向けると，日本では，2000年代初期からアクティブ・ラーニングやポートフォリオを使用した授業実践において，学習者のメタ認知的「省察（リフレクション）」を促す学習環境作りが模索されてきました。プレゼン活動におけるリフレクションは，重要な役割を担っていることが研究からも明らかになっており（藤城・保﨑，2018, Fujishiroほか，2019），国外の研究では録画した映像を使用したvisual reflectionに関する研究も多く報告されています（Tailab・Marsh, 2020）。

　本章第3節でも説明しましたが，この研修では，渡航前から渡航中，そして帰国後にかけて相互リフレクションが行われています。参加学生は，渡航前の準備段階から録画映像や練習会を通し，プレゼンに対して様々なフィードバックをもらいます。そのフィードバックをもとに，自分たちでプレゼンをつくりなおす作業を繰り返すことにより，学びにおけるインプットとアウトプットが適宜行われていることになります。

　つくりなおし作業では，個人の意見をグループ単位で反映しなければならないため，前項で説明した学びの個別化・協働化も必然的に行われている環境になります。現地でのプレゼンでは，その場，その時，その人に合ったプレゼンにするべく，このリフレクション活動が即座に行われ，そしてつくりなおし作業に反映されるという構図になっています。学生は，準備段階から現地でのプレゼン時，そして帰国後にかけて「行為の中の省察」を反芻することにより，プレゼン内容のみでなく，自身の考えや他者の考えを認識し理解していきます。そして，これらの学びは全て，共同体でのコミュニケーション活動を基盤に行われています。

5　ま　と　め

　本章では，米国研修における英語プレゼンテーションについて振り返りながら，その特色について説明しました。米国研修での英語プレゼンは，単なる知識の伝達や練習成果の発表ではなく，コミュニケーション活動を基盤としたプレゼンです。また，この英語プレゼン活動を学術的に分析すると，① 学びの個別化・協働化が行われていること，② 研修全体においてリフレクションが活発に行われていることが明らかになりました。

　個別化された学び・協働化された学びが相互に行われ，さらに参加者同士でのリフレクションを繰り返し行うことにより，プレゼンというコミュニケーション活動を通して，学びの往還が行われていることが，この活動の最大の特色であるといえます。

【参考文献】

Dewey, J. (1938). *Experience and Education*. New York: Collier. (デューイ，ジョン・市村尚久訳. (2004). 経験と教育. 講談社.)

Fujishiro, H., Narahara, Y., Hozaki, N. (2019). Analysis of the perspective of Japanese students' evaluation for in-class presentation. *Improving University Teaching*.

藤城晴佳・保﨑則雄. (2018). 「対話」重視のリフレクション活動が制作・表現型授業における学びに与える影響の分析—授業 TA が参与観察したリフレクションより—. 第 24 回大学教育研究フォーラム.

井庭崇. (2013). プレゼンテーション・パターン—創造を誘発させる表現のヒント. 慶應義塾大学出版会.

蔭山洋介. (2011). パブリックスピーキング　人を動かすコミュニケーション術. NTT 出版.

岸本弘・渡部洋・山本政人・柴田義松・無藤隆. (1994). 教育心理学用語辞典. 学文社.

Kolb, A. D. (1984). *Experiential Learning as the Source of Learning and Development*. Englewood Cliffs: Prentice Hall.

牧野由香里・永野和男. (2002). 表現・コミュニケーション能力育成のためのスピーチ演習カリキュラムの開発. 日本教育工学会論文誌, 25(4), 225-235.

Mezirow, J. (1991). *Transformative Dimensions of Adult Learning.* San Francisco: Jossey-bass. (メジロー，ジャック著，金澤睦・三輪建二監訳. (2012). おとなの学びと変容：変容的学習とは何か. 鳳書房.)

Tailab, M. M. K., Marsh, N. Y. (2020). Use of self-assessment of video recording to raise students' awareness of development of their oral presentation skills. *Higher Education Studies*, v10, n1, 16-28.

Schön, D. A. (1983). *The reflective practitioner: How professionals think in action.* Basic books.

Schön, D. A. (1987). *Education the reflective practitioner.* Jessey-bass.

苫野一徳. (2014). 教育の力. 講談社.

第3章

経験から学びを考える

土井 香乙里

1 助手として初めて経験した海外研修引率

大学院を出て初めての勤務先となった早稲田大学人間科学学術院では，2005年4月から2008年3月までの3年間，助手（保﨑則雄研究室所属）として勤務させていただきました。保﨑研究室に所属した1年目の2005年9月に，初めて研究室に所属する学生の海外研修引率をすることになりました。その時の参加者は3年生と4年生の2学年にわたり，大人数でした。

保﨑教授にアメリカ研修の概要や予定を初めて聞いた時，とても驚いたことがありました。「みんな現地集合，現地解散で（ただし，一緒に行きたい人は一緒でもよい）」というのです。それまでの私自身の海外経験と言えば，大学2年生の時にハワイの大学に1か月の短期語学研修に行ったことがあるだけでした。基本的に，準備はすべて大学や教員が行い，学生は安全な守られた状態で「連れて行ってもらえるもの」だったため，保﨑教授から「現地集合・現地解散」のスタイルを聞いた時は，かなり驚きました。助手とはいえ，教員側の立場からすれば，「学生の安全は」「自由で大丈夫なのか」「いなくなる学生がいたらどうするのだろう」などと考えていました。私のような地方の大学出身者からすれば，自由なイメージの校風の早稲田大学であればそんなものなのかなと考えたり，最終的にはすべて保﨑教授の責任で行うことであり，自分は「それなりに」学生の取りまとめなどを行い，一緒についていけばよいぐらいに考えていました。学生たちもみなしっかりしていて，自分たちのことは自分たちでやるのだろうと安心していました。

出発当日，私は空港にギリギリに到着して，保﨑教授をハラハラさせたこ

とを覚えています。教授が仁王立ちしながら待っていました。それでも，教員でもない学生でもない曖昧な立場だった私は，無責任に「あ～なんとか間に合った！」ぐらいにしか，その時は思っていませんでした。

　米国到着後の入国審査の時も，私はスムーズに通過しましたが，同行していた学生の一人が通過する際，何かうまく説明できなかったのか，審査にひっかかって足止めされていました。しかし私は，入国審査後のスペースでただ見ているだけでした。行ってあげた方が良いのかと思う一方，「入国審査のあちらとこちらだから，戻ることもできないし，子供じゃないのだから，学生が自分でなんとかするだろう……」とも考えていました。自分が学生ならばそれでよかったのかもしれませんが，助手という立場であったその時，私は何かできたはずでした。その後教授から，「フォロワーではいけない」と注意を受け，自分の無責任さを痛感しました。「引率」の仕事のはずが，ただ一緒に参加しているだけでした。研修中は，ボストンでの滞在を楽しみはしましたが，何ら「引率」らしいことをしておらず，結局，研修を通して何もできなかったように思われました。

　何もできなかったことで，自分なりにいろいろ考えました。学生の指導をし始めて10年余り経った今振り返ると，恥ずかしくなるぐらい，当時は何もできていませんでした。「フォロワー」の意味を，当時はあまり理解できていなかったのかもしれません。その後，保崎研究室に所属した3年間，学生たちとの活動などを通し，いろいろな経験をさせていただいたことが自身の糧となり，その後フルタイムの仕事についてから，様々な面で役にたっていると思われます。

2　「引率」を経験して，海外へ

　学生たちの引率では，オハイオ州（クリーブランド）とマサチューセッツ州（ボストン）へ行きました。このうちボストンは，研修をきっかけにとても好きな場所になりました。日本以外に住むならボストンとさえ思っており，現在までに通算7回訪れています。

　学生の引率で一緒に行ったのは2005年のみでしたが，研修を通して知り

合った人のつてで2006〜2008年の3年間にわたり，ボストンカレッジなど
で自身の研究データの収集を行いました。

　それまで，学会発表は国内だけでしか経験がありませんでしたが，学生の
引率者として海外の経験をしたことは国際学会に目を向けるきっかけにもな
り，自身の研究面における活躍の場が広がりました。これまでに10か国，
合計15回（年に1回程度ですから多くはありませんが），国際学会で発表を行
うに至っています。助手として，学生たちのアメリカ研修の引率をしていな
ければ，海外で発表などしていなかったかもしれません。

3　勤務先で海外研修を始めた経緯

　3年間の助手の仕事を終えてからいくつかの仕事を経て，現在の勤務先で
働き始め，現在11年目に入ったところです。勤務先では，アジア圏の大学
との交流が主流になっています。特に，所属大学がタイの泰日工業大学と提
携している関係で，大きな国際交流として，タイからの学生の留学や研究留
学（3か月〜1年），お互いの大学の学生が現地企業インターンシップ（2か
月）を行っています。しかし，英語圏の大学などとの交流がありません。

　大学のディプロマポリシー（DP）の一つに国際性というのも入っていま
すが，留学生もアジアやその周辺国からの学生が大半で，英語圏からの留学
生はゼロです。英語教育への力の入れ方が全体としては弱く，英語圏との交
流がまったくない状態です。それでも学生の中には，英語圏へ留学してみた
いという学生は，若干ながらも存在し，個別に相談しに来る学生もいまし
た。大学ではほとんど英語圏への留学情報が得られないため，自分で調べる
しかない状況です。

　そのような状況で考えたのが，以前，保﨑教授のところで1度参加させて
いただいたアメリカ研修のようなものができないか，ということでした。

　所属大学に，着任初，英語圏の大学との交流や提携などを提案したこと
がありましたが，すでにアジア圏の大学との提携が主流となっており，「こ
れからはアジアとの交流が重要」という考え方があり，英語圏との交流とい
うことは実現できませんでした。それでも英語圏に行ってみたいという学生

が複数ゼミに入ってきたということもあり，何かできないかと考えた結果，無謀にも，卒業研究の一環として，自分の責任で行う研究室内アメリカ研修を行うことにしました。

4 本務校での実施（第1回，2012年9月）

いざアメリカ研修を行うとしても，できることといえば，私の研究室に所属する学生で希望者を連れていくことでした。英語は苦手で海外経験は全くないが，「興味はある」という学生が研究室に入ってきたこともあり，まずは希望者を募りました。そもそも海外に興味がない学生もいましたし，海外に興味はあるが，就活の方が気になって海外研修どころではないという4年生もいました。

2010年10月からゼミの担当を始めたのですが，初年度の学生（全員3年生）で海外研修の希望者はいませんでした。次年度は，ゼミ2期目の4年生のうち3名が手を挙げたため，2012年9月に8日間で実施することになりました。予算は，学生たちの航空チケット代のみ，「卒業研究費」でまかなうことができました。宿泊費その他費用は各自負担，ということになりました。私自身は自分の研究費を使うか，一部自腹を覚悟で，初回の研修を実施しました。

2012年9月の第1回の研修には3名が参加しました。さすがに「現地集合・現地解散」は難しくて嫌だと学生に言われたため，私が一緒に行くことにしました。この研修では，ただ連れて行くだけでは研修にならないため，3名の学生に目的意識を持たせるべく研修目標を設定しました。すなわち，① 卒業研究調査を必ず行う（これがないと筆者の所属大学の経理処理上，予算執行ができない），② 英語の実地訓練，③ アメリカやボストンの文化・歴史を学ぶ，④ 工場見学，という四つを最低限の目標として，研修を行いました。

また，出発前の準備として，まったく英語ができず苦手，あるいは海外経験がないという学生が全員だったため，少なくとも出発前の英語訓練，入国審査やその他もろもろの海外へ行くための注意事項などについて説明会を開いて，ある程度の理解を得させてから出発することにしました。

　最近の学生は，私が「自分で調べておきなさい」と言っても，ほぼ他人任せで調べていないという場合が多く，簡単な現地の情報や地図すら見ないまま研修に参加する傾向があります。第 1 回の研修の学生たちも，「買い物の場面など，現地で最低限使うであろう英語を練習しておきなさい」と言っても，ほぼ練習しない学生がほとんどでした。「私はガイドではないぞ！」と言いたくなりました。案の定，旅行気分の学生たちは，入国審査の時にすぐにひっかかりました。私からは前もって，「入国審査で何かあっても，コミュニケーションを取って自力で何とかしなさい」と言ってあったので，学生たちは自分たちの努力でその場面を乗り切ったようでした。

　学生たちは現地で早々に卒業研究調査を終わらせた後は，残りの日程の間，様々な箇所を訪問してアメリカの文化や歴史を学ぶ一方で，英語には苦労していたようでした。行った先で一緒にランチをとったときのことです。各自で注文をしたのですが，その中で「ミートローフ，プリーズ」と日本語のカタカナのような平坦な言い方で注文した学生の一人は，10 回ぐらい言っても店の人に意味が通じなかったようでした。とうとうイライラし始めた店員を前に，私たちに助けを求めてきました。後で，なぜ通じなかったのか説明しました。英語の音（meat/loaf：二つの音）と，一つひとつ母音がある日本語の音（ミートローフ：6 音）の違いや，アクセントの位置の違いがあって，それらが少し違うとこんな簡単なことでもわかってもらえない場合があることに，学生はやっと気が付きました。反対に発音が下手でも，音の数やアクセントの位置が合っていれば意外と通じるということがわかったようでした。

　この学生は，英語の基本表現を多少勉強して出発したという事情があっただけに，自分の英語が通じなかったことにショックを受けたようでした。しかし，1 週間前後滞在するうちに，現地の人の話を次第に聞き取れるようになりました。帰国する頃には少し自信がついたようで，次は私がいなくても，自分たちだけで飛行機に乗って行けそうだと言っていました。本務校の英語の授業では，日本語と英語の違いを理解してもらうため，こうした体験談をときどき紹介しています。

　研修を実施してよかった点として，滞在してしばらく経つと学生たちも現

地の雰囲気に慣れて，自分たちからどんどん現地の人に英語で話しかけ，コミュニケーションを取ろうという意識が出てきたことがあります。例えば，USS Constitution を見学に行った際，通常は戦艦の甲板しか見学できないのですが，学生たちが Navy の兵士に話しかけた結果，戦艦の一番船の下部の場所で，しゃがまなければ行くことができない場所まで，特別に案内してもらえることができました。大したことではないかもしれませんが，学生たちは自分たちが英語で交渉した結果，通常であればできない経験をできたということで，少し自信がついたようでした。

　理工系，なかでも工学系は寡黙な学生が多く，コミュニケーションを取るのが苦手な学生もいます。加えて英語も苦手な彼らは，研修前半は私に頼り切りでした。そんな彼らが上に述べた成功を収めたことは，ささやかではありますが，彼らの大きな学びを感じさせる出来事でした。

　第1回のアメリカ研修では，卒業研究調査，工場見学，英語訓練，アメリカの歴史文化を学ぶという目標を 100 パーセント達成することはできませんでしたが，今度は自分たちだけで海外に行けそう，という学生たちの考えの変化を見て，短い研修ながらも彼らが学んだことはあったと感じました。

　しかしながら帰国時に，ボストンの空港でドタバタの出来事が待っていました。常識的に考えて機内への持ち込みが難しい「短剣型のおみやげ」を持ち込み荷物に忍ばせていた学生のために，それまで長い列を並んで荷物検査を受け続け，ようやくその列が終わりかけていたのに，もう一度荷物検査を受けるため空港のチェックインカウンターに戻るはめになりました。学生一人を戻すわけにもいかず，また，「飛行機の搭乗時刻があるから，検査をやり直ししたくない」という事情を空港職員に話しても認めてもらえず，再び長い列に並び，手荷物検査を最初から受け直しました。あの時は，飛行機の搭乗時刻に間に合うかどうかハラハラしたものです。

　とにかくまず実行してみる，ということで実施した1年目の研修でしたが，次回への課題も残りました。

5　本務校でのアメリカ研修引率（第2回から現在）
——引率するための工夫と苦労した面

　第1回のアメリカ研修で明らかになった課題は，事前準備の不十分さ，学生の出発前の意識付けの低さでした。そこで次年度の研修では，事前準備をしっかり行うことにしました。学生たちは相変わらず，自分たちで調べようという意識が低いままでしたが，ゼミの課題としたこともあり，前年度よりは準備を行ったものと思われます。

　①　訪問する箇所や工場見学の場所は，前もって調べ，知識を得ておく

　②　出発前の英語訓練：オーストラリア人の先生に依頼し，数回にわたってかなり訓練を行ってもらいました。この訓練の主な狙いは，伝えたい内容をきちんと英語で伝えられるようにするためというよりも，学生が外国人の先生と話す機会を作るという目的がありました。学生たちも訓練そのものより，訓練が終わってから先生を交えて行われたパーティーを楽しんでいるようでした。

　第2回の研修は，第1回より多くのゼミ4年生（5名）が参加しました。両親の一方が外国人というゼミ生も数人おり，多様性に慣れている雰囲気でした。海外旅行に行ったことがある学生もおり，初回の研修よりスムーズにいくと思われました。海外に行くこと自体が初めてで，英語が全くできない学生が3名，研修メンバーに含まれていましたが，例年になく楽しい雰囲気のメンバーだったため，何かあってもお互いに助け合うだろうと思われました。

　一つだけ気がかりなこととして，コミュニケーションを取るのが苦手で，ゼミの時にも他のゼミ生と話すことがほぼなく，こちらから何か聞いても返答が戻ってこない学生が1名いました。驚いたことに，その学生がアメリカ研修に参加したいと言ったので連れていくことにしましたが，少し不安が残りました。

　前回の研修と同じく，第2回の研修でも大きな目的を四つ掲げました。2回目はその四つの中でも，卒業研究は別として，工場見学をしっかり行うこと

を目標としました。全体として楽しい雰囲気の中で研修は進んでいきました
が，やはり上記のおとなしい学生 1 名は，かなり苦労をしていました。フラ
イトは，なるべく日本語を使うことができない環境にするために，海外の航
空会社を選びました。そのおとなしい男子学生は，自分の言いたいことがな
かなか（日本語でも）伝えられないタイプだったため，行きのフライトで
キャビンアテンダントから英語で「飲み物はいかがですか」と尋ねられた際，
予想通り，うまく答えることができませんでした。その学生は一応，「water
（「ウォーター」という日本語のような発音で）」と答えたのですが，目の前に置
かれたのはコカ・コーラの入ったコップでした。しかし，その学生は何も言
えませんでした。私は横にいたのですが，研修中はなるべくコミュニケー
ションを取る場面や英語面では助けない，というスタンスだったため，「そ
れでいいの？」とだけ尋ねました。すると，その学生はただうなずくだけで
した。他の学生ならば，「違います」と言えるメンバーばかりだったのです
が，心配していた通りになりました。

　さらに，夕食時にキャビンアテンダントから「Beef or Chicken?」と聞かれ
た際にもうまく答えられず，夕食をもらい損ねるありさまでした。日本の航空
会社であれば，キャビンアテンダントが夕食のオーダーを聞きに回っている
際に寝ていたなどして夕食をもらえなかった乗客がいたら，あとで聞きに来
てくれるサービスの良さがあります。しかし，アメリカの航空会社はそこま
で行き届いたサービスをしません。その後，キャビンアテンダントが再度
オーダーを聞きに回ってくることはありませんでした。その学生は何も言わ
ないということで，「夕食はいらない」ものと先方に思われたのです。他の
学生も心配して，「自分で言いに行けよ」と言うのですが，当の学生本人は
「大丈夫，いらない」という返事でした。

　現地に到着した時は夜も遅く，学生たちはホテルにチェックインした後，
翌朝食べるものを何か買おうと，スーパーに出かけました。生まれて初めて
経験するアメリカのスーパーにうれしがる学生たちばかりで，皆その学生の
ことを気にしていませんでした。買い出し後ホテルに戻ったとき，当の学生
は何も飲食物を買っていなかったことがわかり，全員驚きました。学生たち
には「ここで朝食べるものを買ってからホテルに戻るよ」と説明していたの

ですが，当の学生はわかっていなかったのか，他のメンバーにも何も聞けず，結局何も買わなかったのです。他の学生たちから「朝食どうするの！」と言われていました。

　皆，心配はするのですが，基本的には自分のことをするのが先なので，結果として，その学生が困った状況に陥っていることに誰も気がつけませんでした。後で聞いた話によると，皆で買ったものを少しずつその学生に分けてあげたとのことでしたが，先が思いやられました。言いたいことをきちんと伝えたり，意見を主張したりすることが特別に苦手な学生だったため，出発前から気にしていたのですが，心配通りになってしまいました。

　研修の前半は，卒業研究調査，工場見学，アメリカの歴史文化を学ぶための訪問と，全体的に順調に進みました。研修の後半はなるべくボストン市内を離れ，電車やバスに乗って遠出をすることになっていたのですが，行きたい場所の案をメンバー同士で出しあう際も，その学生は何も言いません。普段街中を歩いていてどこの店に入りたいか聞いても，何も言わないそのおとなしいその学生に対して，他のメンバーも次第にイライラがたまり，「もっと自分のことを主張しろよ！」と言っていました。その年のゼミメンバーは，コミュニケーションを取るのが比較的うまく，明るい学生が多いときでした。かれらは普段，毎週のように放課後研究室で夕食を一緒に作ったり，パーティをしたりするなどして盛り上がる学生たちで，ノリもよく，そのようなおとなしい学生が一人いても気にもとめていなかったのですが，さすがにこの時は「このままでいいのか！」と，ホテルの部屋で本人に詰め寄ったと，後で聞きました。

　しかし驚くことに，研修の後半から最終日頃になると，それまでおとなしかったその学生は，少しずつでしたが他のゼミメンバーとも話すようになりました。意外と面白いキャラクターをしていることもわかりました。街中での英語を使った買い物も自分一人でできるし，注文もできるようになりました。帰りのフライトでは何も問題なく，自分の食べたいものをオーダーすることができました。平均的な大学生と比べれば，そんなことは当たり前，と思われるかもしれませんが，その学生本人にとっては大きな進歩です。

　後日談ですが，この学生はゼミの時も他のメンバーと話すようになりまし

た。学園祭でゼミが「プルコギ屋」を出店した際も，店の準備や当日の出店に積極的に参加しました。その学生が大声を出しながら客の呼び込みを店の前でしているのを見た時は，とても驚いたものです。後日，就職活動もうまくいき，希望する企業から内定をもらうこともできました。

　第2回の研修では，現地の人が話す英語について，思ったよりスピードが速くてなかなか難しかったという意見もありました。しかし，学生たちはそれについていけるように頑張った結果，帰国時にはかなり慣れて，少し話せるようになりました。そして，「まだ滞在したい」というまでになりました。

　研修成果としては，卒業研究につながる調査が各自できたこと，四つの目標をかなり達成できたことなどが挙げられます。しかし一番の成果は，研修に参加したメンバーが中心とはなりますが，ゼミ生の結束力が強くなったことが挙げられます。

　また，短い研修期間のうちに，各学生が学ぶことができたのも大きな成果でした。特に印象に残ったのが，例のおとなしかった学生の成長でした。他のメンバーとコミュニケーションがとれるようになり，人前で発表することもできるようになりました。短い期間でしたが，なんらかの自信をつけることができたのではないかと思われました。その結果，就職活動の成功にもつながったのかもしれません。その学生にとって，私の実施した研修に参加したことが少しでも役に立ったのであれば，よかったと思われます。

　ここまでお読みいただいたように，研修の準備やその実施について，学生たちに主体的に考えさせ，行動させています。研修を通して学生たちに自信をつけてもらい，それが学生たちの今後につながればよいというスタンスで，学生の引率をしています。そのため，研修中に特に何かするということはなく，ただ安全に帰国するまで「見守る」のが，私の役目でした。

6　2018年アメリカ研修

　2014年度は私自身の出産のことがあり，海外に行けませんでした。また，テロ事件が増えてきたことにより，「海外に行きたい思いはあるけど，いざ実際に行くとなると怖い」という学生たちが続いたことから，しばらく

図 3-1　卒業研究調査

図 3-2　MIT 博物館見学

アメリカ研修を行っていませんでした。しかし 2018 年度は、海外に興味がある学生が多くゼミに入ってきました。それも、アメリカ研修に行きたいという理由でゼミに入ってきた学生たちばかりだったため、久しぶりに短期研修を行うことになりました。

実際には、就活やら何やらで直前にキャンセルする学生もいたので、少人数の参加となりました。2018 年研修は、他の教授の研究室に所属する学生 1 名も連れていくことになりました。

最初から目的意識のある学生たちで、また自分たちで留学生サークルを立ち上げているような学生たちだったため、準備もしっかり自分たちで行い、何も心配はいりませんでした。

この研修は、卒業研究調査をしっかり実施できたことが一番の成果でした。留学生サークルの立ち上げメンバーで、普段から留学生たちとのかかわりも多く、海外への興味がとても強かったため、事前準備は英語の直前訓練ぐらいで済みました。

今回は、卒業研究調査を一生懸命やろうと、学生たちは出発前から頑張って準備をしていました。ただ、計画が多少無謀な部分もありました。いろいろな大学の学生に突撃してアンケートを取るというのです。学生たちは、忙しそうにしている他の大学の学生たちに話しかけなければならなかったのと、話しかけても多くの場合断られたということもあって、くじけそうになっていました。しかし、頑張った結果、少ないながらもデータを集めることができました。他の研修の回では調査を早々に切り上げて、残りの日程を

学生たちは楽しんでいましたが，この時の研修では，学生たちは1日目に不十分だった調査を，2日目も遊びに行かないでやっていました。

研修目的である卒業研究調査を終えたあと，予定として残っていたのは，工場見学（事情により，この時の研修では中止になってしまいました），アメリカの歴史文化を学ぶこと，遠出すること，でしたが，残念ながら研修後半から悪天候にたびたび見舞われたため，これらの予定をすべて達成することはできませんでした。しかし，助手時代にお世話になった保﨑教授の研修グループとボストンのホテルで偶然出会い，学生交流ができたことは学生にとってよい経験になったと思います。

7　学生の評価

2012年から数回，私の研究室の主催によりアメリカ研修・卒業研究調査を実施していますが，毎回研修後に，A4用紙で5枚程度の報告書を学生たちに提出させています。2018年度研修の際の学生の報告書から，意見・評価の概要を以下にまとめました。

- 今回の研修を通し，多くのことを学ぶことができた。卒業後はすぐに就職はせず，まず留学したい。（この学生は卒業後就職せず，海外留学に挑戦した）
- MIT博物館で学生たちが開発した研究を見ることができた。同じ学生でこのように素晴らしいものを作っていることに驚かされた。卒業研究で，日本と海外のIT業界の比較を検討していたことが，研究材料として勉強になった。また，私たち日本の工学分野の学生として，刺激を与えられた。
- 今回の研修経験での英語実地訓練により，トラブル時の対応もできるようになった。
- ただの観光とは異なり，卒業研究調査という目的があった。現地学生へのアンケート調査を通じ，決して引き下がることができない状況を作り出すことで，自身の英語能力が向上し，また，それがもとになって相手とのコミュニケーション能力が磨かれた。
- 卒業研究調査は予想を下回る量の収集にとどまったが，自身の成長としては，大変大きな成果を得られた。

- 今回の研修を通し，英語はまだまだだと思ったが，ただ机の上に向かっていては学べないことを今回の研修では学べた。これを糧に，さらに勉学に励みたい。
- 卒業研究の資料として，よい情報を集められたのでよかった。
- 将来は海外で活躍したいという野望がある。今回手に入れた失敗や勇気は，自身の成長に絶対に役立つため，忘れずに大切にしていきたいと思う。

8　海外研修を通した学生の学び，
　　自身の教育研究への応用

　その後は，予算面やその他の事情により短期研修を実施していませんが，ここ数年間で 3 回，研究室主催によるアメリカ研修を実施することができました。研修を通じ，学生はいろいろな面で学べたと思われます。教科書だけからは学べない日米の文化の違いも肌で感じることができたと思います。卒業研究調査や工場見学はもちろん学生たち自身の研究のためであり，かれらにとって勉強になる点は多かったのですが，特に英語でのコミュニケーションを自分から働きかけることは，単なる英語の学習にとどまらず，相手とコミュニケーションを取るという点で，かれらの大きな学びになったと考えられます。また，ゼミ単位で行っていることからも，日本にいるときとは異なる方法で，「他人との関わり」ということも学んでいました。中には卒業後，実際に留学した学生もいました。もともとその学生に海外志向があったのだとしても，研修がその志向をさらに後押ししたものと考えられます。

　特に研修全体を通して，個人差はありますが，各学生がその学生なりに学ぶこと・感じられること・成長があったと思われ，それが自信につながり，今後の自分のあり方を考えることにつながったのではないかと思われます。

　学生たちの「引率」を通じて，私自身の学びもありました。研修の準備段階から実施までの経験が，その後の教育研究に役に立っている部分が多くあります。

　アメリカ研修は，学生主体の研修として実施してきました。教員である私自身が主体となって「引っ張っていく」ではなく，学生が研修を行うことを

そばで観察し，どうしても学生だけでは解決できない場合のみ手助けすることにしていました。学生たちを安全に帰国させるまで，教員として「見守り」の立場で関わることがよいのではないかというのが，研修を数回行ってきた中で感じたことです。

第4章

リハーサル，パフォーマンス，ゲーム
——アメリカ研修の体験がもたらす可能性

野 田 眞 理

1 はじめに

オハイオ州立大学（OSU）の東アジア言語文学科では，2015年から早稲田大学保﨑教授ゼミのアメリカ研修メンバーを受け入れてきました。保﨑ゼミと OSU の東アジア言語文学科とは，18年続いてきた同ゼミの研修プログラムの中で，わずか5年しかお付き合いをしていないわけですが，この5年はそれまでの13年間にわたる様々な試行錯誤の結晶が凝縮された，濃い研修期間とも言えましょう。

アメリカ研修は語学研修ではありません。単なる言語研修なら，英語圏で生活経験のある帰国子女が参加するはずはありません。アメリカ研修一週目の目的は第1にアメリカの雰囲気，特に大学という環境を肌で感じ，アメリカの大学生やキャンパスコミュニティの人と交流すること，そして第2に次の滞在地ボストンでの研修の準備と捉えています。

筆者は，職業を尋ねられれば「日本語教師」と答えます。しかし，自分の仕事が何かということを突きつめてみると，次のような結論に達します。つまり，様々な文化に柔軟に対応して異なる文化背景の人々と共により良い社会を築く能力を持った人材の育成です。筆者が務める東アジア言語文学科では，パフォームドカルチャーアプローチ（Performed Culture[1] Approach, PCA）で中国語，日本語を教えています。PCA は，文化と社会への参加を言語学習の基本的な意義と捉え，体験学習（Kolb, 1984）の理論に基づいたカリキュ

---

[1] "Performed Culture" は「体演文化」と訳すこともある。

図 4-1　オハイオ州立大学キャンパスツアー（2015）

ラムを展開します。その意味において，経験から学びを考えるという保﨑ゼミのアメリカ研修とは波長が合っているわけです。PCA では，第2言語学習を第2文化的世界観の構築（Walker & Noda, 2000）と考えます。そこも「新しい認知を主体的に獲得する」（本書「はじめに」参照）アメリカ研修と通じるところです。この項ではまず，この第2文化的世界観の構築サイクルについて解説し，その観点から，アメリカ研修1週目の過去5年の活動内容を，受け入れ側関係者のコメントを交えながら振り返ります。

　保﨑ゼミによる訪問には，ほぼ毎年 OB や院生も参加しており，現役学部生にとっては先輩との深い交流もアメリカ研修の大きな魅力と見受けられますが，ここでは受け入れ側がメインターゲットとしている3年生を中心に話を進めます。

2　第2文化的世界観の構築

　パフォームドカルチャーアプローチ（Walker & Noda, 2000; DEALL, 2019）が目指す文化・社会への意味のある参加のためには，その文化に沿った世界観が不可欠です。図4-2は Kolb（1984）の経験的学習サイクルをベースにした，言語文化の学習による第2文化的世界観の構築サイクルを図式化したものです（Walker & Noda, 2000）。Kolb（1984）の経験的学習については本書第7章（寺田）に詳しく解説されていますので，ここでは第2文化的世界観構築サイクルをなぞっていきます。

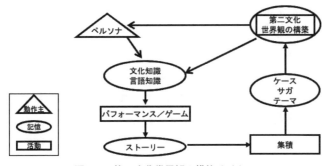

図4-2　第2文化世界観の構築サイクル

（出所）　Walker & Noda 2000: 197

　このサイクルは，学習者がまず学習の場に足を踏み入れることから始まります。その時，学習者が学習の場に提供する主体をペルソナと呼びます。ペルソナは，サイクルを経るごとに変化していきます。例えば，アメリカ研修の参加者の中には，アメリカにさほど興味がない人もいるでしょう。それでも研修から何かを得ようとする一面があるはずです。その部分が最初のペルソナと言えます。

　言語学習では，当然のことながら対象の文化や言語に関する情報を学習しますから，それは知識として構築されます。研修参加者はそもそも早稲田大学に入学するためにも，保﨑ゼミに加わるためにも，それなりの英語の知識を身につけてきているはずです。さらに，アメリカ研修参加に際しては，アメリカ文化についても知識を得ているでしょう。そう言った知識がなければ，それを使って場を乗り切る，つまりパフォーマンスをすることはできません。逆に，英語やアメリカ文化の知識があっても，それだけでは，単なる情報交換にとどまらない，文化・社会への「意味ある参加」はできません。

　パフォーマンスは「ある状況下で演じられる行動」[2]と定義づけられ，特定の場，特定の時間，特定の立場，行動，傍観者という五つの要素によって特定されます。PCA の教室ではパフォーマンスのリハーサル，つまり学習

---

2)　"communicative events that are enactment of scripts or behaviors situated at a specified time and place with roles and audiences specified"（Walker & Noda, 2000: 199）

者がすでに得た文化的，言語的知識をパフォーマンスに使ってみます。リハーサルですから間違うことも許容されます。むしろ，教室でこそ様々な失敗をし，失敗から学んでもらうという仕組みです。ある得点法が使われると，パフォーマンスはゲームとなります。スポーツの試合は，規則に法って得点を重ねてその点数を競うものです。スポーツでなくても，私たちは様々な行動に対して点を得たり失ったりしているものです。

　さて，私たちの日常はパフォーマンスの連続と言えます。パフォーマンスを経験するたびに，それはエピソードとして記憶されます。それがストーリーです。

　パフォーマンスを何度も繰り返すといくつもストーリーができるわけですが，それらは記憶の中である程度整理されてきます。例えばアメリカ研修活動の一環に，英語のミニプレゼンテーションがあります。日本語文化のクラスで「お茶について英語で発表をする」というパフォーマンスを行ったとしましょう。そのパフォーマンスは「アメリカの大学」という場所や研修に参加した「3年生」という人的観点（サガ）でも記憶されるでしょう。「発表」というコミュニケーションの形態（ケース）でも記憶されるでしょうし，発表がうまくいってクラスの学生が立ち上がって絶大な拍手をしてくれたなら，「アメリカ人のオープンな感情表現」（テーマ）としても記憶に残るかもしれません。

　このようなエピソード記憶は，主体の世界観に影響を及ぼします。そして新たな世界観を蓄えたペルソナは，そのような体験に基づく記憶を持つ前とは異なっています。ストーリーを重ねるごとに，言語的知識，文化的知識も豊富になっていきます。

　アメリカ研修は短期の留学プログラムと位置づけることができます。留学の醍醐味は，通常の文化環境と異なるところに身を置くことから新たな発見をすることにあります。しかし，体験学習のサイクルを成り立たせるためには，文化言語の知識の構築，パフォーマンスを通したエピソード記憶の構築，ストーリーの整理，新たな世界観の構築，さらに新たな世界観を備えたペルソナによる次のサイクルの開始と，様々なステップを経なければなりません。Noda（2007）は，留学中もこれらのステップが頻繁に滞り，文化，言語の

習得が容易には起こらないことを指摘しました。アメリカ研修の 1 週目の活動は, 新世界観構築サイクルをどのような形で稼働させているでしょうか。

3　OSU 滞在期間中の活動

まず研修 1 週目の活動を整理します。1 週間の滞在期間中, 大学での活動は, 初年度は 3 日間, 2 年目からは 4 日間となっています。

本学滞在期間中の活動には必ず OSU 側の誰かが何らかの形で参加しています。つまり, 「相手」のある活動と言えます。それぞれの活動について, その内容と目的, 時間数, 活動の相手, 活動参加者の立場を考えると, 大きく分けて 3 種類あることがわかります。一つは 3 年生が準備をして能動的に関わる活動で, ここでは「発信型」と言いましょう。文化や早稲田に関する発表, 個別活動のうちの紹介活動がこれに当たります。二つ目は知識面での準備はあるかもしれないけれど, 実際には受け手となる活動で, 「受取型」と名付けましょう。授業参観, 特別講義, ラジオ局見学などの活動はこのタイプです。三つ目は「交流型」です。サークルの学生とのキャンパス散策や食事会のように, 情報交換を含め発信, 受信のどちらも行われるものの, 発信型より即興性が高いものです。

次に, これらの活動が, 前に述べた第 2 文化的世界観構築サイクルにどのように当てはまるかを考えてみます。まず, 発信型活動の中心と言えるプレゼンテーションです。

4　プレゼンテーション (プレゼン) 発信型活動のサイクル

3 年生は 3 班に分かれて, OSU の日本語, 日本文化, 日本語言語学など複数のクラスで, 5 分のプレゼンテーション (プレゼン) をしてくれます。各班はそれぞれ同じプレゼンを 3 回から 4 回行います。

プレゼンに対する受け入れ側の学生や担当教師の反応は, 概ね良好です。題材が面白い, そして 5 分間という短い時間に情報が詰まっていることが毎年コメントとして挙げられます。また, 特に 5 年目のプレゼンについては,

聞いている自分たちを参加させてくれたこと（"engaging"）が良かったというコメントがありました。筆者も何度かプレゼンを拝見しましたが，非常に洗練されていると感じました。班によってメンバー間の連携が非常にうまくいっている場合と，中心的な一人ないしは数人が班全体を引っ張っているという感じを受ける場合がありました。

　プレゼンの題材は多岐に渡ります。今まで取り上げられた題材には，次のようなものがありました：茶菓子，歴史，テーマカフェ，お風呂，落語，文房具，交通，おせち料理，笑い，お守り，湯，食品サンプル，ご当地キャラ，着物，日本酒。毎年 3 種類の題材があり，それが毎年変わるので，OSU の学生として数年にわたり複数の授業で早稲田の 3 年生によるプレゼンを聴く機会があっても，同じ内容のものを 2 度聴くことはあまりないと言えます。また，教科書などでみるような「古ぼけた」題材でもありません。伝統的なものを扱っていても，現在進行形の状況を紹介してくれるので，非常に新鮮です。ゆるキャラなどは，すでにかなり知識を持っている OSU の学生もいましたが，そういった人には 3 年生のプレゼンはわかりやすかったようです。自分もある程度知っているという気持ちをくすぐられたかもしれません。

　上記の文化紹介に加え，最初の 3 年は早稲田紹介のプレゼンもありました。これは，早稲田大学と OSU は相互交換プログラムがあり，日本語履修者には早稲田への留学を考えている者も少なからずいることや，当初は複数の授業を履修する学生が同じプレゼンを 2 度 3 度と聴く可能性があると考え，OSU 側から希望したものです。しかし，既に記したように，同じ内容を 2 回以上聴くということは実際にはあまり起こりませんでした。5 年目は早稲田紹介のプレゼンがありませんでした。文化紹介一本に絞ったことで準備の負担が軽減されたせいか，その年の文化紹介のプレゼンはいつにも増して好評でした。

　さて，このプレゼン活動を図 4-2 に示した第 2 文化的世界観の構築に当てはめてみましょう。まず，ペルソナですが，題材の選択は 3 年生主導で決まるということですので，選んだ題材について何らかの興味を持っているでしょう。これは重要なことです。興味のあることや，多くの知識や技能を有することについては積極的に学習しますし，作業が大変でも諦めずに頑張れるからです。班のメンバーはその題材について調査し，それについて英語で発表

できるよう，夏休み期間を使って準備をします。サイクルの二つ目にある言語知識，文化知識がここで構築されます。

　次にパフォーマンスですが，本番はオハイオに着いてからですが，その前に何度もリハーサルを重ねると聞いています。リハーサルごとにその記憶（ストーリー）ができ，それが整理されて構築され，ある世界観の構築につながります。この時点では，ゼミの教官である保﨑教授や，過去のアメリカ研修参加経験者である先輩の助言を得ながら，プレゼンを聴くアメリカの大学生はどのような反応をするものか，推測しながら第 2 文化的世界観を構築していると言えます。実際に OSU で OSU の学生を前にプレゼンを行うまでに，世界観構築サイクルを何度も経て，高いレベルのペルソナとして臨むことができます。

　肝心なのはそこからです。このプレゼンは OSU でも複数回行われるのです。過去 4 回までは日本語クラスのレベル 1 のクラス（7 セクション），レベル 2 のクラス（3 セクション），日本文化のクラス，日本語言語学のクラスで英語で行い，日本語レベル 5 のクラスでは日本語で行いました。班によっては，英語のプレゼンだけでも計 4 回から 5 回のプレゼンをすることになります。5 年目は個別活動の時間を増やすため，レベル 2 のクラスでのプレゼンを行いませんでしたが，それでも英語のプレゼンを最低 3 回行ったことになります。そして各プレゼンの後に必ず振り返りの反省会があると聞き及んでいます。つまり，ただ闇雲にプレゼンの回数を重ねるのではなく，それぞれのパフォーマンスからどのような記憶ができたのか，検証し，整理する時間が設けられているのです。

　このように，プレゼンという活動には，第 2 文化的世界観構築サイクルのすべてのステップがあるだけでなく，それぞれのステップを結ぶ，図 4-2 の矢印に当たる部分が強固で，サイクルが繰り返されて膨らむ上向きスパイラルとなっていると言えます。研修開始前のリハーサル時点でも開始後にもパフォーマンスは繰り返し行われるのですが，プレゼンの内容は同じでも，パフォーマンスは毎回相手と傍観者に合わせて洗練され，進化しているということです。

　このプレゼン活動にはもう一つ重要な要素があります。これは特に 5 回目

の今年，顕著に現れたことです。プレゼンはまず大学キャンパス初日の朝，日本語クラスで2〜3回行います。これには通常授業の最後の5分をあてるので，プレゼン終了と共に授業時間も終わります。今年は授業終了直後に3年生とOSU生の間で，LINEの情報を交換するなどして連絡を取り合えるようにし，その後の自由時間などに個別の学生間交流に直結したことを，3年生からもOSUの学生からも聞きました。つまり，周到に用意されたプレゼン活動が，もっと即興的な活動の糸口になり，3年生とOSU生は共に，プレゼンとは全く異なるパフォーマンスのサイクルに入れたというわけです。

　プレゼンは3年生全員が体験する活動です。これに対し，同じ発信型活動でも個別の発信型活動は希望者だけが体験する任意の活動です。次にこの個別の発信型活動がどのように第2文化的世界観構築サイクルを辿るのかを考えます。

5　個別の発信型活動のサイクル

　プレゼンの題材が，担当班の3年生が興味をもつ話題であるらしいことはすでに述べました。個別活動では題材に対する興味の度合いがさらに強くなります。過去5年の間に，3年生と院生が一人ずつ個別発信型活動を行いました。それぞれ，行った活動に非常に熱心で，さらに卓越した技量を持っていました。ですから，発信したいという気持ちが強く，さらにそれぞれが行なった活動は少なからず反響を呼び，参加したOSU生は一様にその内容の素晴らしさに感激していました。それぞれの分野でパフォーマンスの経験も豊富であったと推測されます。発信型だけでなく，自分の興味のある授業の見学という受取型の個別活動をした人もいました。

　アメリカ研修中に個別活動をするためには，それが発信型であれ，受取型であれ，プレゼン活動とは別のパフォーマンスが必要となりました。それは活動のお膳立てです。個別活動をするためにはその時間や場所を設定し，関係部署の協力を仰ぐ必要があります。希望者はまず窓口となっている筆者に連絡を取ることから始めます。ここからは個別活動を行った一人の3年生（Bさん）に絞って話を進めます。Bさんは筆者にも英語を使ってお膳立てを始

めました。

　Bさんから最初にEメールを受け取った時，正直なところ現代若者風の礼儀知らずな人かと思いました。この感情は何度かやり取りを続けて軽減され，会ってみると大変真摯な若者でした。それなのに，まず第一印象を与えてしまったのは，書き出しの敬称の誤りという単純なエラーでした。

　Terms of address（人の呼びかけ方）は，平等の国と称されるアメリカの中でもかなり厄介な代物です。「自由で気さくなアメリカ人」というステレオタイプとは裏腹に，双方の立場，状況，意図などによって微妙に操作されるものです。英語では，相手が大統領でも泥棒でも"you"で済むなどと言いますが，実はもっと複雑です。昨今はテキストメッセージの普及で呼びかけ部を省くことも多い反面，初めて文書で通信を取る相手には気を使います。頼みごとがある場合はなおさらです。呼びかけ方を誤ると，「間違えた」だけでは済まなくなるのは日本と同じです。その後に続く話の受け取られ方に影響を及ぼしてしまうのです。

　受取手の筆者も，最初のメッセージの冒頭で「失礼な若者」という色メガネをかけてしまい，肝心な内容のことまで否定的になりかけました。しかし，職業柄，その色メガネを意識して外すこともできます。すると，この人は単純なエラーのせいでとても損をしていると感じました。Bさんが連絡する他の教授たちの感情を害し，せっかくの個別活動が頓挫するというようなことは避けなければなりません。そこで，受け入れ校の他の人にはどのような敬称を使うべきかを具体的にBさんに説明しました。

　最初のEメールは，Bさんにとっては失敗パフォーマンスでした。相手に誤った自分像を与えてしまったことは，社会的に減点です。しかし，Bさんはそこから見事に逆転し，最終的にはプラス点となるスパイラルを形成しました。

　パフォーマンスを特定する五つの要素の中でも重要なのが傍観者ですが，このパフォーマンスでは，Bさんと受け入れ校の人という当事者の他に，保﨑教授という傍観者が存在しました。この傍観者が，Bさんの振り返りに重要な役割を担ってくださったことは想像に難くありません。BさんのEメールのパフォーマンスは回を追うごとに上達し，プレゼン活動同様，上向きスパ

イラルが構築できたと言えます。そもそも，それまでの3年生のほとんどが筆者には日本語で連絡を取っていた中，英語のメールを書いたこと自体，「体験」してみようという意欲の表れと言えます。

　第2文化的世界観構築サイクルの概説で触れたように，パフォーマンスの中でも，ゲームになると，加点減点があります。プレゼンの場合はゲームではないパフォーマンス（＝リハーサル）を何度か経験した上で本番，つまりゲームとしてのパフォーマンスに臨むことができます。個別活動ではお膳立ての時点で既にゲームが始まっています。受け入れ側窓口としては，このお膳立てをゲームとして始める前に，リハーサルを組み込むことができないかと感じます。個別活動を望む3年生が持つ，エキスパートとしての力を生かして，アメリカ研修を充実させるためにも，これは必要なことではないでしょうか。

6　受取型活動のサイクル

　特別講義，ラジオ局見学に代表される受取型活動は，第2文化的世界観の構築サイクルを形成しているでしょうか。特別講義は4年間はアメリカ建国史と教育メディアについてそれぞれ1時間ずつ，それぞれの専門家が英語で行いました。講義担当者もこの交流の機会を「楽しみにしている」ということでしたが，アメリカ史を担当していた大学院生は卒業し，メディアの講義は個別活動の時間確保のため取りやめとなったため，5年目は日系アメリカ人の収容所生活について，筆者が（日本語で）講義を担当しました。

　アメリカ建国史の講義は，アメリカの大学の授業体験をすると同時に，研修2週目に訪問するボストンでの活動に備えるという意図がありました。担当した本校の大学院生は，写真や地図をふんだんに取り入れたスライドを用意して熱心な講義をしてくれました。これから訪れるボストンを舞台として繰り広げられる史実に興味を示す人もいましたが，講義の英語についていくのに四苦八苦という3年生もいたようです。それでも保﨑教授が質問をされる様子を見聞きし，アメリカの大学の講義の雰囲気は十分味わえたであろうと感じます。ただ，実際のアメリカの大学の授業と大きく異なるのは，日本

の3年生があまり発言しない点で
す。アメリカの大学の講義，特に
学生が10名前後のセミナーであ
れば，学生は発言しないとそれだ
けで減点対象になりかねません。
つまり，アメリカの大学の「講義
の雰囲気」を「傍観者」としては
味わえても，パフォーマンスの当
事者にはなっていないということ
です。第2文化的世界観の構築サ
イクルはパフォーマンスに至らず
止まってしまいます。

図4-3　メトロハイスクール（STEM教育）の
見学（2019）

　では，この特別講義をパフォーマンスにするにはどうすれば良いのか。当
然何か質問ができればいいのですが，それが難しいところです。では，質問
をするリハーサルをしておいてはどうでしょうか。無論，実際の講義内容の
詳細は，事前にはわかりませんが，日本でも知られているアメリカ建国史の
一部，あるいはボストンという街について一般的な質問を，「一般的な質問
ですが，専門家に聞きたいことがあるので」と断ってすることはできます。
これならしっかりリハーサルができます。もう一つは，講義の内容のどこか
一部を何とか聞き取り，それについて「もう少し詳細を教えていただけない
か」という依頼をするリハーサルです。この時に使える“Could you
elaborate on X ?”は知っていて損のない表現です。そのほかにも，質問や
コメントの一般的なストラテジーのリハーサルをしておけば，アメリカ建国
史に限らず，様々な受取型活動で使って「傍観者」から「当事者」になれる
のではないでしょうか。

　ラジオ局の見学では，案内を受けながらいくつか質問をしています。3年
生の中には特にメディアに興味のある人もいるので，この専門分野的知識と
興味がキーポイントとなってきます。さらに，案内をしてくれている人につ
いて，局の中での仕事や経歴，やりがいを感じる点などプロとしての人格へ
の興味を示す質問をしていただけると，案内人の気持ちがほぐれ，案内にも

熱が入るのではないかと感じます。こういった質問も，事前にリハーサルが
できるものです。

7　交流型活動のサイクル

　アメリカ研修の参加者が最も楽しみにしているのは，アメリカの大学生と
の生身の交流でしょう。これは第 2 文化的世界観の構築にも，異文化間コミュ
ニケーションで注目されつつある文化的第 3 空間の概念（Kramsch & Whiteside,
2008, Kramsch, 2009, Jian, 2018）からも重要な活動と言えます。研修期間最終
日には本学の学科長や訪問したコースの担当教授を交えたお別れ会が催され，
そこでもある程度の交流はありますが，ここでは学生間交流に焦点を当てま
す。受け入れ側からその活動に積極的に関わっているのは，「おしゃべり
会」という学生サークルのメンバーです。受け入れ 2 年目から毎年，キャン
パス訪問初日の午後，数人ずつに分かれてキャンパスツアーを行い，その後
夕食を共にするという活動をしています。初日にこのような交流をすること
が，その後の個別活動の時間に一緒におしゃべり会メンバーの授業について
行ったり，ショッピングや食事をしたりといった活動につながっています。
前述のように，プレゼンをしたクラスの学生との交流もできているようです。
　3 年生とこのような交流をした OSU の学生は一様に，「本当の日本人の大
学生」と交流できて嬉しかったと言います。「本当の日本人」というのは，
在米期間の長い人や，日本語教師以外という意味でしょう。
　学生間交流は，3 年生にも OSU 生にも，様々なパフォーマンスの機会を
与え，第 2 文化的世界観の構築サイクルを支えていると言えます。お膳立て
から始まり，失敗も成功も全て，実際に行ったパフォーマンスとしていく種
類ものストーリーとして蓄えられます。
　もう一つの交流型活動は日本語レベル 5（上級）の学生との交流です。レ
ベル 5 では，文化のプレゼンを日本語で行い，続いて翻訳練習の授業に参加
します[3]。意見交換も含む授業では，おしゃべり会のメンバーとのインフォーマ

　3）　翻訳練習は，レベル 4 の学生の授業でも対抗戦という形で行われます。

ルな交流とは一味違った交流ができ, 新たなパフォーマンス, 新たなストーリーが生まれます。レベル5の日本語学習者は, 研修終了後の春学期に, ニュースレター制作プロジェクトを通して3年生と交流を続けます。これについては寺田恵理さんが書かれた本書第7章に詳しく記述されています。

学生間の直接交流を, 3年生がアメリカに着く前の早い段階から始められないか。これは, 数年来の課題です。難しさの要因は新学年の時期が, アメリカは秋, 日本は春であるところです。おしゃべり会も, 夏季休暇中は年度の間にあたるため, 全く活動していません。秋学期が始まり, 新役員が集まってその年度の活動内容を決めようというまさにその頃に, アメリカ研修が始まるのです。OSUの前年度が終わる4月中旬では, アメリカ研修の参加者が決まっていません。研修期間中だけにとどまらない交流を続けることができれば, 第2文化的世界観構築サイクルも, 文化的第3空間の構築も, 長く続けることができるでしょう。その意味でも, レベル5の日本語学習者によるニュースレター制作時の交流は, 今後も是非続けていきたいことです。

8　研修前後のコミュニケーション

毎年, アメリカ研修に参加する3年生の中から二人が, 「幹事」として受け入れ担当の筆者との連絡係となってくれます。これは非常にありがたいシステムです。全員への連絡事項も幹事さんを通してできます。また, 幹事さんからは, 研修開始前にも, 研修1週目を終えてボストンに移動してからも, 大変丁寧なご挨拶のメッセージをいただきます。そして, クリスマスが近づく頃には, 3年生全員の署名入りのカードが届きます。このようなきちんとした前後のコミュニケーションも, 大切な体験の一環です。受け入れ側の反省として, プレゼンをしていただいたクラスの学生からも, 何らかのフォローがあって然るべきところ, 今まで何も行っていなかったという点がありました。交流がさらに広がる可能性をみすみす逃していたわけで, 最後の年度にOSU学生からの寄せ書きという形で改善を試みました。

9　今後の課題

　受け入れ側の視点から検証してみると，アメリカ研修は，課題はあるもの
の，体験学習としてのスパイラルがすでにできていたり，今後もっと強化し
ていく可能性が十分あると言えます。その上で，課題となることが 2 点あり
ます。一つは，活動のタイプの時間配分，もう一つはアメリカの大学生の多
様化への対応です。

　ここまで，3 年生の活動を発信型，受取型，交流型の 3 種類に分けて第 2
文化的世界観の構築サイクルに当てはめて検証してきました。ここでは，そ
れぞれのタイプにどれぐらい時間を使っているかを考えてみます[4]。すると，個
別活動を含めた場合は，図 4-4 で示すように，三つの活動にほぼ満遍なく時
間を費やしていることがわかります。しかし，個別活動をする 3 年生は稀で
す。発信型の個別活動を含まない場合は図 4-5 のように受取型活動が大半を
占め，発信型は全体の 4 分の 1 以下の時間であることがわかります。

　つまり，個別の発信型活動をしない場合，十分にリハーサルを重ねて臨む
活動は，他のタイプの活動に比べて比較的短時間で終わってしまうのに対
し，リハーサルを十分にせずに臨む受け取り型活動，つまり現時点ではパ
フォーマンスにも至っていない活動が，活動時間の半分近くを占めているの
です。発信型の活動，特に個別の発信型活動をもっと広げる，受信型活動に
もっと意図的にリハーサルを取り入れる，交流型の活動期間を研修の前後に
広げる，などの工夫の余地があるのではないでしょうか。

　もう一つの課題はアメリカの大学生層の変化です。2017 年度にアメリカの大
学に登録している留学生総数は 891,330 人（学生総数の 5.5％）で，10 年前の
2007 年度の 623,805 人（3.4％）を大きく上回り，とりわけ中国からの留学生は
2018 年度の米国大学在学中の留学生の 33.2％を占めていました（Institute

---

　4)　プレゼンは 1 班ごとの時間数，個別の発信活動については最大の 120 分を用いた。
学校訪問は 5 年目からだったので除外し，特別講義は 4 年間は 2 回だったので 120 分を
用いた。

図 4-4　タイプ別活動時間配分
（発信型個別活動を含む）

図 4-5　タイプ別活動時間配分
（発信型個別活動を含まない）

for International Education, 2019）。OSU でも 2018 年の学生の約 11％は留学生で，日本語や日本文化の履修者にもこの傾向が顕著です。アメリカの大学に来ても交流の相手は中国から来た留学生であることが多いのです。これは発信型，交流型の活動において考えなければならないことです。

　今一つの多様化の現れは LGBTQ（Lesbian, gay, bi-sextual, trans-gender, questioning/queer）の学生の増加です。2016 年に 33,000 人の大学生を対象に行われた調査では，回答者の約 10%が LGBTQ であると答えています（bestcolleges. com）。プレゼンの内容はもちろん，学生間交流の準備段階でも，LGBTQ に対する感受性が求められています。加えて人種，年齢の点でも多種多様であることは言うまでもありません。

10　お わ り に

　はじめにも述べたように，このアメリカ研修は語学研修ではありません。単なる語学研修では到底得られないような，人と人との関わり方を学ぶ機会を提供しています。本稿では現在実現している活動について，それが第 2 文化的世界観の構築にどのように貢献しているかを述べました。当然，ここでは検証していない，将来のアメリカ研修で検討すべき別のタイプの活動も多くあるはずです。この研修が体験学習の場としてさらに充実し，参加する 3 年生にとっても，受け入れ側の人たちにとっても，多くのストーリーを生み

出す原動力となり続けることを願ってやみません。

【参考文献】

College guide for LGBTQ Students (2019). Bestcolleges.com. (https://www.bestcolleges.com/resources/lgbtq-student-guide/) (2019 年 9 月 21 日).

Institute for International Education Open Door Report 2018. Institute for International Education. (https://www.iie.org/en/Research-and-Insights/Open-Doors/Data/International-Students) (2019 年 9 月 21 日).

Japanese Language at OSU: Objectives and Means, Department of East Asian Languages and Literatures. (https://deall.osu.edu/programs/undergrad/japanese/objectives-and-means) (2019 年 9 月 5 日).

Jian, X. (2018). A "Third-Space" view on the pedagogy of East Asian languages and cultures. *Symposium of Interdisciplinary Approaches to East Language Pedagogy*, Columbus, OH. February 24. (学会発表)

Kramsch, C. and Whiteside, A. (2008). Language ecology in multilingual settings: Towards a theory of symbolic competence. *Applied Linguistics*, 29/4, 645-671.

Kramsch, C. (2009). Third culture and language education. In L. Wei & V. Cook (eds.). *Contemporary applied linguistics: Vol.1. Language teaching and learning*, 233-254. London: Continuum.

Kolb, D. (1984). *Experiential Learning as the Science of Learning and Development*, Englewood Cliffs, NJ: Prentice Hall.

Noda, M. (2007). Performed culture: Cataloguing culture gains during study abroad. *Japanese Language and Literature*, 41, 297-313.

Ohio State Demographics: How diverse is it? Collegefactual.com. https://www.collegefactual.com/colleges/ohio-state-university-main-campus/student-life/diversity/#chart-ethnic-diversity (2019 年 9 月 21 日).

Walker, G., & Noda, M. (2000). Remembering the future: Compiling knowledge of another culture. In Diane Birckbichler and Robert M. Terry (Eds.). *Reflecting on the Past to Shape the Future*, pp. 187-212. Lincolnwood: National Textbook Company. (中国語対訳版：In Galal Walker (Ed.). (2010). *The Pedagogy of Performing Another Culture*. Pathways Series, no. 12, pp. 33-50. Columbus, Foreign Language Publications.)

第 **5** 章

Teaching strategies
for study abroad programs

Dennis Washburn ＋ 渡辺 郁子

1 Academic aspects of study abroad

Professor Hozaki's study abroad seminar has an undergraduate counterpart in Dartmouth's Study Abroad programs. These programs are distinctive in several important ways. First, they are term-long programs that are led by a Dartmouth faculty members. Dartmouth is on a year-round quarter system of ten-week terms, so these programs represent a significant commitment of time and faculty effort. Second, our programs partner with institutions around the world to design curricula that are specific to the program and that fit the academic needs of our own departments and programs. Third, the courses on the program all count for Dartmouth credit and thus represent a significant part of the College's curriculum. Moreover, they are coordinated with courses on the home campus to ensure that the programs are integral to majors and minors. All of our programs are coordinated by the Guarini Institute for International Studies, which works with departments and individual faculty to organize all aspects of the logistics of these programs, which involves making arrangements with on-site academic institutions, organizing housing and travel, and developing co-curricular offerings that take advantage of cultural opportunities in the host country. Altogether, Dartmouth has 47 unique Study Abroad program and 30 exchange programs in 34 countries and 56 locations around the world.

For readers who may be unfamiliar with it, Dartmouth College is a four-

Figure 5-1　Dartmouth College campus

year residential liberal arts institution and the smallest of the Ivy League schools. It is also listed in the US as a prestigious R1 research university with an accomplished research faculty in Arts and Sciences, a Graduate School in Advanced Studies, and professional schools in engineering, medicine, and business. Given its status, why, then, does it continue to call itself a College? The reason is to signal that its primary mission is to provide a true liberal arts education that is broad, deep, and rigorous to an undergraduate student body made up of genuinely talented and gifted individuals from around the world. The key to carrying out that mission is Dartmouth's uniquely strong commitment to the teacher-scholar model in which members of the faculty not only work closely with students in the classroom, but also engage them collaboratively in their own research projects and in experiential learning outside the confines of the campus.

The faculty in Japanese Studies at Dartmouth has worked to carry out the College's wider institutional mission by offering a curriculum over the last thirty years that has allowed students to take courses in a range of field subjects related to Japan: politics, gender, classic and modern literatures, history, art history, religion, film and media studies, and anthropology. Of course, the one subject that brings together these diverse offerings, providing coherence and stability to the curriculum, is the study of the Japanese language; and in order to facilitate language study at a high level we operate our own Study Abroad program during our normal ten-week summer term, which is currently located at Kanda University of International Studies in Chiba prefecture. The approaches we have developed to optimize language teaching in turn reflects our own special commitment to the teacher-scholar model. This model emphasizes four major strategies to achieve its aims: collaboration, immersion, contextualized instruction that is sensitive to cultural differences, and the encouragement of hands-on experiential learning. A few examples of some of the ways in which we carry out each of these four strategies will serve to indicate just how important we consider the role of international education in the intellectual and moral development of our students.

　　Collaboration is not limited to our relationship to institutions such as Kanda University of International Studies through our Study Abroad program, but actually starts on campus in the classroom. For example, we currently work with two Japanese Universities, Waseda and Tokyo Woman's Christian University (Tokyo Jyoshi Daigaku). In the case of Waseda, their students visit our campus, and in the case of Tokyo Jyoshidai our students interact with theirs through tele-conferencing (we use Zoom) to allow us to undertake a greater range of teaching activities in our respective home classrooms.

　　The length of the Waseda students' visit to our campus varies each year, but it usually involves a trip of one or two days. Some students will stay overnight in various student dorms and they will get a brief experience of undergraduate residential college life. Our students enjoy entertaining their guests, who they accompany to the cafeteria, guide them around campus, and accompany to co-curricular activities and clubs, which may include dance, sports, a capella music, and the like. By engaging and interacting with the Waseda students, our students can get a sense of important differences and similarities between their college experiences and those of their Japanese peers. For their part, the ability to observe our students in a residential setting provides context for their behavior and allows the Waseda students to better understand the social context and study habits that shape the way our students learn. Many Waseda students have expressed surprise in learning about that aspect of their education.

Some of the Waseda students will visit one or two classes in disciplines that reflect their own academic interests and training. However, all of the students get involved in our Japanese language classes, observing and participating in them. For example, when they come to an advanced class they participate in discussions of the material and in an exchange of ideas and interpretations. This fall (2019) we had a round-table discussion on a topic of foreign language learning. The discussion went well and our students were very pleased to have this productive occasion. During lunchtime, they tend to talk about their own interests more freely, and during the afternoon they socialize, usually over tea, talking about not only their college life but also cultural and social issues. These visits are extremely helpful to our students in that they provide the opportunity to use their Japanese in a more natural manner. For that reason, we hope that in the future we can continue to host the Waseda students for at least two days so that we can engage in more stimulating and interesting events together. We are looking for ways to help permanently budget for these visits so that we develop and expand on the opportunities they provide.

Thanks to the development of digital technologies over the past two decades, we have been able to collaborate in the classroom more extensively by means of video conferencing. Thanks in particular to Professor Kyoko Kurita at Pomona College and to Professor Akiko Mizoguchi at Tokyo Woman's Christian University, we have been able to organize a joint class by video conference every fall term with students at Tokyo Jyoshi Daigaku. The conferences are conducted in the evening local time, morning in Japan. Every year we choose one or two topics for all the students to study and discuss. Last year's topic was 'Women's social and cultural status in Japan.' Prior to the joint class, our students read some articles on the topic, which they then analyze and discuss in class. On the day of this particular joint class our students talked with their Japanese peers about where women stand in term of status in their respective societies, examining the ways women are treated in both countries and drawing on their own experiences to explain their opinions. The class ended with suggestions on how to improve the social, political, and economic challenges that women face.

These joint classes have been very productive and our students always benefit from them. Our students enjoy these conferences very much, but at the same time they also learn just how difficult it is to express their ideas clearly and skillfully in a foreign language. We believe that students on both campuses are stimulated by this event and are consequently more motivated to study their respective target languages.

There is no question that our students benefit from collaborations like these events, though in our experience the visit by the Waseda students is often more meaningful and impactful than the tele-conferencing class. The reason for this is that our students are in direct contact and engagement with the Waseda students, which makes them feel more relaxed. As a result, conversations seem more spontaneous, smooth, and natural, whereas their interactions with the Jyoshidai students in the joint class are mediated by the tele-conferencing, making it difficult for the students on both sides to exchange ideas as freely as they might like. Because the camera's lens is a necessity, you can't see the surroundings, occasionally voices fade away and conversation ends up being interrupted and losing momentum.

As important as collaboration is to language learning, in the final analysis, we believe that immersion is critical to providing students with the skills needed to accelerate the development of deep proficiency. This starts with the constant and consistent use of Japanese only in the classroom. Beginning students are prepped for the day's lesson by a fifty-minute drill class, in which a drill instructor takes them through rote practice of new vocabulary, grammatical patterns, readings, and idiomatic expressions. These are performed entirely in Japanese based on homework designed to prepare them for drills. We move very quickly to get them used to both kana syllabaries within the first few weeks so that the homework assignments are also in Japanese. The drill class is followed by a master class that strives to establish realistic contexts for the lesson. The master class is largely activities-based with an emphasis not on rote learning, but on getting students to think in Japanese and to use what they have learned in culturally appropriate ways. The advantage to this approach is that it reinforces previously learned vocabulary and patterns while introducing important information about Japanese customs, society, culture, and history.

The Waseda students who visit both our advanced classes and the first-year class, often remark on our students' proficiency level and why they seem to progress so quickly. Similarly, whenever we have guests visit our class, most of whom are native speakers of Japanese, or whenever native speakers of Japanese interact with our students outside of the classroom in either the U.S. or in Japan, they usually express genuine surprise at the relatively high degree of our students' proficiency and wonder how they could have achieved such progress over a short period of time.

There are several factors that account for this. Unlike most Japanese universities, our students attend language classes every day, Monday through Friday, which means that they have many more contact hours with the faculty. Moreover, we stress the use of Japanese only in the classroom even for the first-year Japanese class. This begins on the very first day of class. Right after an organizational meeting in English, we begin using Japanese from that moment on. Some may wonder how we can possibly conduct a beginning class entirely in the target language, but it is not all that difficult. We ask them to memorize dialogues and sample sentences, then rely on hand gestures, body language, and lots of pictures to provide enough visual context to allow them to follow what is happening. For example, on the first day of class I introduce days of the week and some greeting expressions. By pointing at Monday on a calendar, for example, you do not need to explain what Monday is in Japanese. Or, by showing a picture of a clock at 6 a.m. and the sun peeking over a mountain, you do not need to explain what 'ohayoo gozaimasu' means. These techniques can be just as easily applied for middle and advanced courses. The students are expected to read through grammar notes for the lesson that day before coming to class, and we offer regular help sessions outside of class hours for both practice and explanation of particularly challenging grammatical patterns or idiomatic usages. These sessions also help improve their comprehension and prepare them to practice within the Japanese-only method.

Immersion as a strategy to accelerate the pace of learning is not limited to our language classes. In most courses on literature and film we employ the widely used pedagogical tactic of "flipping" the classrooms. This technique involves faculty working closely with students to research subjects related to the topic of the course and then prepare presentations to present to the class as a whole. These presentations may be in lecture form or they may be seminar-style discussions, but in either case the key is that the students are not passive learners but take active ownership of the course. Explaining concepts, theories, methodologies and data to others in the class is an extremely effective way for individual students to gain mastery of the materials for themselves.

Immersion in the study of Japanese society and culture in a liberal arts institution is crucial to successfully implementing our third major strategy, which is to provide students with contextualized construction. Contextualization is perhaps most important when it comes to teaching reading and writing. As is well known, the biggest challenge facing students of Japanese as a foreign language is the complex writing system. Since we have to concentrate in our first-year classes on learning basic daily conversations (such as how to do shopping, how to ask directions, etc.) and getting basic grammatical patterns, most of the class hours are spent on practicing everyday language usage and not on exchanging ideas and thoughts or acquiring deep and more sophisticated cultural and social information. Nonetheless, we move quickly to introduce the kana systems and a large number of kanji in the beginning and intermediate classes. The key aspect to our approach is that we discourage simple rote memory of characters and instead structure our homework so that kanji are introduced in appropriate situational and grammatical contexts. This improves memory and speeds up the learning process. In the same way that students cannot simply learn grammatical rules and patterns and then put together a foreign language on their own, so they cannot learn to read and write by simple memorization of characters in isolation. Understanding the meaning and usage of a character is not only facilitated but also enhanced by learning the writing systems through the use of sentence patterns and the simulation of real-life situations that provide context.

When it comes to advanced classes, the focus shifts and more intellectual aspects have weight. Through authentic reading and audio-visual materials, students are expected to gain a deeper knowledge of Japan from various disciplinary points of view and they are required to gain a thorough understanding of selected course materials. Still, these classes are focused on language acquisition, and so we make sure that the students improve all four skills: speaking, listening, reading, and writing. At the same time, it is also important for students to be able to read materials critically and to grasp the full meanings and nuances of the contents. Therefore, spending too much class time on uncontextualized lessons in grammar, kanji learning, and shallow engagement with the materials is not ideal and is avoided. This does not mean that we ignore basic elements like grammatical patterns. Instead, we use a number of techniques to drill those patterns in context. For example, we might ask students to verbally explain or 'translate' (that is, use circumlocution) written passages into simpler forms of spoken Japanese. We also ask them to do literal translation work from Japanese into English with an emphasis on analyzing the basic structures of sentences and paragraphs, highlighting their grammatical subjects, predicates, and modifying clauses. The point of these types of exercises is not simply to check on how accurately students have comprehended the reading (though that is vitally important), but to bring all the language skills into play in a fully contextualized way that accelerates the process toward reading in a natural, fluent manner.

　　The final strategy we use is to emphasize hands-on, experiential learning. Central to this strategy, of course, is our Study Abroad program. As mentioned above, Dartmouth has a strong commitment to term-long (10 weeks) faculty-led programs. We offer a Language Study Abroad (LSA) during the summer in Japan that provides an intensive course of study. Our students are required to take three courses: two second-year Japanese language courses and one seminar course related to Japan. The students are provided with opportunities to experience various aspects of Japanese society and culture, exploring the country through home-stays with Japanese families and through scheduled short excursions and longer trips (the major trip takes the students to the Kansai region and western Japan). In many ways our summer program is similar to programs offered by other universities or consortia. The major difference is that our program is treated as a regular academic term, not a transfer term, and so those who complete the LSA courses may enroll in the third-year Japanese language courses when they return to campus.

　　Nine students took this program this past summer, though usually we send twelve to fifteen students. We encountered several minor incidents, but fortunately we completed the program safely and without major problems. It was extremely hot and humid and so our number one concern was the students' health, especially the danger of heat stroke. During the trip to the Kansai area, we encountered several unbearable days. We had to constantly remind the students to drink water. There are all sorts of "熱中症対策グッ ズ, "heatstroke preventive goods" available in Japan as you know, so the students were all amazed and amused by them. Some students, for example, bought "ミニ扇風機, handy fan" and some bought "Cool ウエットティッ シュ, cool wet tissue". The other thing that we had to constantly keep an eye on the students was since it was overcrowded wherever you go in Japan, we had to make sure everyone was moving at the same pace.

Studying in Japan while staying with Japanese families is a quite popular and very attractive among students. Our program follows that model. However, because of the nature of our program, which is designed as a serious academic program, we have to make sure that the students get a high quality of education in Japan. That is, we have to put more emphasis on academic achievement. The students are required to spend time studying for three courses, and as a result we sometimes encounter a conflict between our host families' expectations and our own regarding the students' academic performance. Some families complain because the students are kept too busy to do things together with them.　Because of that our students seem to feel pressure to do both equally.

One solution might be to house our students in a dorm-like facility with Japanese students who would serve as Resident Advisors (RA's - or as we call them in our residential system, Undergraduate Advisors, UGA's). In order for them to be able to experience Japanese domestic life, we will provide them with short-term home-stays (perhaps over selected weekends). That way the students will have less pressure and can concentrate on studying while gaining experience with Japanese families. While living in a dorm runs the risk that students will not speak in Japanese among themselves, this can be avoided by the presence of the Resident Advisors, whose job it will be to make sure that the students use Japanese as much as they can. These advisors can also help organize cultural and social events.

Valuable experiential work is also available to students in other ways.

One example is the involvement of our students in the development of an ongoing project titled *Genji Lab*, which aims to create a digital reader for Murasaki Shikibu's 11th century novel, *The Tale of Genji*. This is arguably the single most important text in the formation of the distinctive aesthetic and moral sensibilities of Japanese culture and its sweeping influence continues to emerge and evolve in pop culture novels, comics, animation, movies, and video games today. When fully developed, *Genji Lab* will provide a highly annotated edition of the story that broadens access to the work, enlivens interactions with readers, and appeals to a wide array of today's students. Undergraduate students across multiple schools and from a range of backgrounds will engage with *The Tale of Genji* through the digital reader by finding its traces in the media that they already love and considering those connections with other students. Scholars of Japanese Studies, Comparative Media, Art History, Gender Studies, Sociology and more will use the platform for research and to build new collaborations. The resulting digital resource, curated but continually growing, will demonstrate the significance of *The Tale of Genji* to in concrete terms that will help students celebrate and deepen the significance of this millennium-old masterpiece of literature.

The opening phase of the project is heavily focused on creating the technology environment and piloting workflows associated with adding content. Working in collaboration with faculty from other institutions in Japan and the US, our own students are directly involved in the processes required to mark up the baseline text with Text Encoding Initiative (TEI) tags and to add faceted annotations studying gender, poetry, fashion, and geography among many other topics. Facets are a key concept in *Genji Lab* because they categorize annotations and allow students to focus on specific aspects of cultural heritage that are revealed by the text. Selected students work with faculty to build an extension to the MediaWiki platform—the open source software at the heart of Wikipedia and many other user-editable websites—

Figure 5-2　キャンパスツアー

Figure 5-3　カフェテリアで

and they are designing *Genji Lab* to display page content side-by-side with contextual information gleaned from semantic markup embedded in the text. This information will be presented on screen in a wide range of digital formats and will enable readers to get a better sense of the material world of the tale: its music, fashion, architecture, urban design, art, food, customs.

　While *Genji Lab* represents an important step forward in increasing the novel's digital liveliness, it still features a model of education in which scholars annotate and data-mine side-by-side with students, who participate in both the construction of the site and in its use as a research and teaching tool. In addition, students will have the opportunity to speak back to the text—or to one another around the world—by adding their own commentary. Expanding the digital reader to include participatory learning modules is the primary motivation behind developing *Genji Lab*, but the added value of this project is the hands-on experience students gain in designing a site that will assist other readers. As we noted above, sometimes the best way to learn is to teach others.

No doubt the use of advanced technologies for education bring numerous advantages. However, at the same time, in the same way that Professor Hozaki has carried out with his study abroad seminars, bringing students into direct contact with other countries and cultures and pursuing education on site are, may be said, as noted above, to have a great many advantages and, what's more, are exceptionally meaningful.

2　海外研修における教育意義

　保﨑教授が海外研修を実践されているように，ダートマス大学（ニューハンプシャー州，ハノーバー）にも海外研修プログラムがあります。ダートマス大学は 4 学期制（1 学期が 10 週間）の，アイビーカレッジの一つです。海外研修にはまるまる 1 学期をあて，指導教員も大学の教職員がすべて責任を持って行います。海外研修プログラムは全部で 47 あり，全世界の 56 か所で行われています。その中の一つに，海外日本語研修プログラムがあります。学生は，夏学期（正規の学期）の 10 週間に三つのコースを取ることが義務付けられています。そのうちの二つが日本語 2 年生レベルの集中語学講座であり，一つが日本の社会，文化，歴史などに関連したセミナーのコースです。学期中，学生はホームステイをします。1 週間ほどの研修旅行や見学旅行も入っています。他の大学と違い，正規の学期であるため，学生はキャンパスに戻ると，日本語の 3 年生のレベルに進みます。ダートマス大学の海外研修プログラムは，幾つかのユニークな特性を備えています。

　ダートマス大学は，学生の知的能力及び道徳面の発達を促す海外教育を重んじ，力を入れています。海外教育は，海外での研修のみならずキャンパス内での海外交流も盛んに行なわれています。日本語学科では，現在，早稲田大学と東京女子大学と交流があります。早稲田大学からは，毎年保﨑教授のゼミの学生がキャンパスを訪れ，授業参加を含めて，学生同士の直のふれあいを通して交流を深めています。クラスでは，例えば座談会を開いて意見の

交換をします。また，クラス外では，食堂，クラブ活動，スポーツや文化交流などを通しての交流が見られます。一方，東京女子大とは，年1回ZOOMを利用してオンライン会議を開き，意見の交換をしています。

　両校の学生が，毎年選ばれたトピックで会議の準備をし，当日議論がなされます。ある年のトピックは「日本の女性の社会的地位」でしたが，色々な角度から活発な意見が交換されました。このような交際交流は，早稲田大学の保﨑則雄教授はもちろんのこと，ポモナ大学の栗田香子教授並びに東京女子大学の溝口昭子教授のご努力に負うところが大きいです。

　この2校の交流からダートマスの学生が貴重な体験を得ていることは言うまでもないことですが，ここで一つ明記しておきたいことがあります。

　テクノロジーの発達により，アメリカにいながらにして日本の大学生と会議ができることは非常に喜ばしいことです。しかし，カメラ，マイクを通しての会議は，相手側の参加者全員の顔が一度に見えない，時折，音声が途切れてしまい会議の中断を余儀なくされるなど，スムーズにいかない場合もあります。これらの経験から，やはり学生同士が直に触れ合い，議論をし合える環境の方が，会議はよりスムーズに行われるように思われます。直に触れ合うことで，学生はもっとリラックスした自由な雰囲気で，打ち解けて話し合っているように見受けられます。

　ダートマス大学の日本語学科はイマージョン方式（教授法）を取っています。初級のレベルにおいても，授業は1日目から全て日本語で行われます。学生の言語取得はクラス内だけに限るべきではなく，また，学生は受動的であってはなりません。保﨑教授が，海外研修で実行されているように，「ゼミの学生が他の学生に教える」ことも学ぶ上で非常に大切なことであろうと思われます。

　ダートマス大学では学生が積極的に参加し，自らプログラムを作成する試みがあります。「源氏ラボ」は，その一つのいい例です。「源氏ラボ」は，オンライン・リーダーで，今現在進行中のオンラインラボです。源氏物語をあらゆる角度から分析し，あらゆる分野の注釈をつける試みがなされています。これが完成すれば，多くの学者——日本文学者のみならず，美術史，比較文学，ジェンダー研究者，社会学者など——が研究のためにこのプラットフォー

ムを使うことが可能です。教授の指導のもとに選ばれた学生がメディアウィ
キプラットフォームを作り，さらに，それを他の学生が広げていきます。学
生同士の自主的な学習の輪が広がりつつあります。学生が他の学生に教える
ことは，時には最高の教授法となるであろうと思われます。

第6章

研修 1 期の参加から現職へのつながり

斎 藤 隆 枝

1 はじめに

　保﨑研究室の 1 期生である私は大学 3 年生だった 2001 年 2 月に第 1 回の，そして 4 年生だった 2001 年 9 月に第 2 回の米国研修に参加しました。第 1 回目の研修では勝手がわからないまま準備を進めて無我夢中で研修に参加し，現地で出会った学生と交友を深めながら第 2 回研修を共に計画して実行するという経験をしました。参加者としての当時の心境は第 2 部の私の報告書を参考にしていただくとして，この章では米国研修で得た気づきがどのように今の私に活きているのかについて，学部卒業後に大学院留学を経験した学生としての立場から，10 年以上アメリカに住んだ日本人としての立場から，アメリカと日本で育児を経験している母親の立場から，そして現職である大学教員としての立場から，お伝えしようと思います。

2 第 1 回，第 2 回米国研修への参加

　第 1 回研修の準備として私たちがまず着手したことは，研修先の大学で紹介したい邦画を少人数のグループごとに選び，それらの日本語のセリフ全てを文字に起こしてから英語に翻訳，そしてそれらを映像に英語字幕として付加していくという作業でした。一連の作業は，ノンギニア編集スキルを習得するとても良い機会であったとともに，映像，音声，そして字幕などの映像とともに提示される文字情報などについて，多くの気づきをもたらしました。実際，私自身は英語字幕を付加していく映像編集作業を通して，音声情

図 6-1　Boston Tea Party Ship

図 6-2　No Name Restaurant にて

報と字幕の文字情報を同時に視聴することで内容理解が促進される可能性に
リサーチポイントを見出し，後の卒業研究や論文の発表につなげることがで
きました。学部生でありながら学会発表や論文発表を経験したことは，思い
がけず後の私の人生に大きな意味をもたらしました。また，研究室に所属す
る学生全員が基本的なノンギニア編集スキルを習得していることは，埼玉県
所沢市の全小学校の学校紹介ビデオ制作プロジェクトや，地域企業のプロ
モーションビデオ制作プロジェクトなど，学生のスキルを活かして地域と協
同で進めるプロジェクトの原点ともなっており，ゼミの研究活動の更なる発
展に大いに貢献しています。

　このような研究活動からも明らかであるように，保﨑研究室は主にメディ
ア活用，メディアリテラシー，教育の場におけるメディアの利用などに加え
て英語教育や情報教育などに興味を持つ学生が集まる研究室です。指導教授
である保﨑教授がアメリカで長期間研究活動をされていたことから，文献輪
読や研究室内の連絡などに自然と英語が多用され，英語のメディア教材に触
れる機会も多いなど，私たちにとって英語は「学ぶもの」というよりも「コ

ミュニケーションのツール」という位置づけでした。同様に，米国研修の目的はあくまでも研究成果のプレゼンテーションであり，その相手方がアメリカの大学生であったことから必然的に英語で行うことになったという意識で取り組んでいました（第1回，第2回米国研修行程は以下を参照）。この"ツールとしての英語"という視点は，後の私の研究活動の原点となっています。

◆第1回米国研修行程（2002年2月）

1日目

オハイオ州クリーブランド　夜到着　大学周辺のホテルへ。

2日目（クリーブランド）

午前：CWRU で日本映画の紹介（3グループ）。日本語を専攻する 20-30 名の学生が参加。

午後：キャンパスや大学周辺の美術館やオーケストラホール周辺を Erlich 教授の案内で散策。

3日目（クリーブランド，ボストン）

午前：CWRU の日本語部，Peggy 講師，久木講師主催の Farewell party。日本語を勉強する 1-2 年生が多数参加。お互いの連絡先を交換。

午後：マサチューセッツ州ボストンに移動。

4日目（ボストン）

午前：Boston College で日本映画の紹介プレゼンテーションの後，メディアラボ所長の斎藤氏の案内で，ラボや大学施設を見学。

午後：斎藤氏のご自宅で伝統的な感謝祭の夕食をいただく。七面鳥の残りはもちろんサンドイッチに。

5日目（ボストン）

午前：Boston Commons，ハーバード大学周辺を散策。

午後：自由行動（私は単独 JFK library へ）。夕食は地元のシーフードレストラン "Noname restaurant" に5時に集合。ロブスターとクラムチャウダーを食べる。

6日目（ボストン，D.C.）

午前：ボストンから D.C. に移動。同時多発テロの影響で空港のセキュリ

ティチェックにとても時間がかかる。

　午後：ホワイトハウス，議事堂，National Mall で博物館などを見学。

7日目（D.C. で現地解散）

　先生は帰国。4 年生二人は留学時代の友だちを訪ねて San Diego へ。3 年生 6 人は NY へ。ミュージカル，自由の女神像，メトロポリタンミュージアムなどを訪問。

8日目（帰国）

◆**第2回米国研修行程（2002 年 9 月）**

　研修 2 か月ほど前から CWRU の日本語を学ぶ学生と Pen pal としてメール交換を始める。

1日目（クリーブランド）

　夕方にクリーブランド着。夕食は Siam Café で中華料理。キャンパス内の寮に宿泊。

2日目（クリーブランド）

　午前：Welcome party（Peggy 先生，貴志先生）とプレゼンテーション（大学紹介，研究活動の中で制作した映像作品など）。

　午後：別の日本語のグループにプレゼンテーション。

3日目（クリーブランド）

　午前：日本の Pop culture を紹介する Show-and-tell を日本語部のビルで開催。味噌汁や駄菓子のふるまい，テレビ番組，雑誌，アニメなどの紹介。多くの学生が訪れる。イスラム教を信仰する学生から食品の原材料を聞かれ，配慮の大切さに気付く。

　午後：日本語の授業や興味を持った授業をそれぞれ聴講。夕食は CWRU の学生とダウンタウンの Hard Rock Café へ。

4日目（クリーブランド，ボストン）

　午前：移動。

　午後：Boston College の斎藤先生の案内で Boston College 見学，夕食は斎藤先生の自宅で感謝祭ディナーをいただく。

5日目（ボストン）

終日ボストン観光。Boston Commons, ハーバード大学，魔女裁判が行われた Selam など。夕食は No name restaurant でロブスター。

6日目（ボストン）

現地解散。

3 大学卒業後，米国で大学院留学

　大学卒業後は数年間，地元の市役所で教育行政に携わり，その後は留学のために渡米して教育修士号を取得しました。このようにまとめると，あらゆることがスムーズに進んだように聞こえることに私自身も驚くのですが，当然のことながら私も多くの留学生同様に言葉の壁，そして文化の違いを乗り越えることに必死でした。渡米直前に受験した TOEIC L&R のスコアは 760 点でしたので，英検に換算すると準1級，ビジネスの場面でもなんとか英語で業務を進められると言われる英語のレベルでした。希望していた大学院の入学許可の条件の一つが TOEFL iBT で 90 点（TOEIC に換算すると 800 点程度）のスコアを所持していることだったので，大学院の選考手続きが始まる半年の間に生活に慣れながらゆっくりスコアを伸ばしていこうというプランのもと，あまり不安に思うこともなくアメリカへの片道航空券を購入したことを覚えています。渡米してまず驚いたことは，リスニング，リーディング，スピーキング，ライティングのどの技能においても自分の英語力がコミュニケーションツールとして満足に機能しないことでした。流れるようなスピードで話されるカジュアルに砕けた英語表現も，オハイオ州クリーブランドの過半数の人口を占めるアフリカンアメリカンが話す独特のアクセントもほとんど聞き取ることができず，生活の基盤を整えるまでに日本で1－2日でできることに2週間以上の時間を必要としました。食料品の買い出しの際にレジのキャッシャーと交わすスモールトーク（簡単な会話）さえも辛いと感じるほど，自分の英語力の不十分さを実感した時期でもありました。

　結局，この半年ほどの準備期間は，語学学校などには通わずに自力でTOEFL 対策をすることにしたのですが，その際に大いに役立ったのは地域コミュニティが市民に無料開講している ESL（English as a Second Language）

の教室でした。人に会って話す，そしてコミュニティに参加しているという，日本では何とも思わないであろう機会を，ようやくアメリカでも手にした気持ちでした。他にも地域の図書館には TOEFL 対策の参考書も，Silent room と言われる静寂が確保された場所もあり，一人で自宅に籠りきりになることなく勉強に集中することができました。また，気分転換のためにクラシックバレエのレッスンを再開したのですが，意外にもこのバレエレッスンが私の語学習得の大きなターニングポイントとなったのです。思うように使えない自分の英語力に強いコンプレックスを感じ，英語でコミュニケーションを取ることを避けたいと思っていた時期でしたが，大好きなバレエの空間では講師やクラスの仲間とも臆することなく話せること気づいたのです。英語はあくまでもコミュニケーションのためのツールであることを改めて自覚したときに，英語をスムーズに話したり聞いたりすることへのこだわりがなくなり，徐々に気負うことなくコミュニケーションが取れるようになっていったことはうれしい変化でした。

　その後は順調に大学院の入学許可が下り，修士課程では特別支援教育を専攻しました。授業が始まるころには，私にとっての英語は授業内容を学ぶためのツールという位置づけになっており，完璧でなくとも，いかに効果的にそのツールを使えるようになるかが大切という認識になっていました。2年間の修士課程の中で英語の位置づけとして学んだことは，通常の授業でのコミュニケーションにおいては正確な英語にこだわる必要なく，それよりも自分の意見を伝えることが学びを深め，評価にもつながるということです。ただし，レポート課題や試験，さらにはインターンシップを申し込む際の履歴書などを書く場面では正しい英語を使うことを厳しく求められます。私のように第2言語として英語を使う学生はもちろん，英語を第1言語とする学生であっても，第三者に文法や言い回しをチェックしてもらう proof reading が必須であるなど，どの程度の完成度の英語が求められているのかを必要に応じて判断することは，その後 10 年以上続いたアメリカでの生活だけではなく，現職でも大いに役立っています。

4　オレゴン州の Immersion プログラム

　大学院卒業後，ピッツバーグやシリコンバレーなどを経て，オレゴン州ポートランドに移り住んだころにはカリフォルニアで生まれた長女もプレスクール（3-5歳児が対象）に入る年齢になっていました。改めて地域の教育について調べてみたところ，ポートランドでは様々な言語の Immersion プログラムに力を入れていることがわかってきました。Immersion プログラムは Immersion language study や Dual language education とも表現され，元々は英語とフランス語を公用語としつつも多くの都市で英語が多用されるカナダにおいて，フランス語を第1言語とする親たちが第2言語（L2）として学ぶフランス語教育のみでは子供たちにとって不十分であろうという危惧を持ち，数学や科学などの通常科目をフランス語で学ぶ仕組みを作ったことが始まりと言われています。学習の全てを L2 のみで行う場合，または国語や社会は第一言語で行い，数学や理科は L2 で行う場合など，使用言語の選択やその頻度は教育機関によって違いがあるようです。

　Immersion プログラムに期待できる教育効果としては，

- コミュニケーションツールとして学習対象言語を学ぶので，言語への理解が深まる
- 異なる言語で学習することにより，学習内容への理解も深まる
- 異なる言語や文化への許容範囲が広がる

などがあげられます。

　一方で，デメリットとして，

- 第1言語，第2言語の双方で教育効果を確認するには数年単位の長い時間が必要になる
- 教員や教材の確保がより困難になり費用がかかる

との報告もあります（Cobb, 2006）。

　このように選択にあたって考慮すべき点はありつつも，様々な教育効果を期待できるとされる Immersion プログラムは北米を中心に大きく受け入れられ，主に初等教育で注目を集めている教育手法の一つです。

　とはいえ，前述の通り Immersion プログラムでは授業の全て，もしくは
半分以上を L2 で行うことから，時間だけではなく，人件費や教材費にも多
くの予算を必要とし，教育資金を潤沢に集めることが可能である私立校，も
しくは裕福な郊外の公立校の一部で限定的に取り入れられているのが現状で
す。Immersion プログラムの対象言語はアメリカ国内で英語の次に多く使
われるスペイン語であることが多く，現に Immersion プログラムの 96％は
スペイン語であるという報告もあります（Potowski, 2007）。

　北米でこのように導入されている Immersion プログラムですが，ポート
ランドでは公立校でありながら，スペイン語に加えて日本語，ロシア語，中
国語，ベトナム語の選択肢があり，Immersion プログラムの充実ぶりが非
常に印象的でした。公立校に加えていくつかの私立校ではフランス語，ドイ
ツ語などのプログラムが準備されており，総合的にはさらに選択肢が増えま
す。なお，アメリカでは高校卒業までが義務教育であり，公立校であればそ
れらの授業料は無料なので，その運営経費のほとんどは税収によって支えら
れています。このことからも，ポートランドでは Immersion プログラムの
重要性が地域で理解され，受け入れられ，サポートされているということが
わかります。

　2019 年の国勢調査によると，オレゴン州の人口の 86.8％が白人であるそ
うです。非常に個人的な意見になりますが，有色人種として 10 年以上アメリ
カに住んできた私は，それぞれの場所で多かれ少なかれ差別を受けてきまし
た。しかしポートランドでは，そのような経験をすることが圧倒的に少ない
という印象を持っています。これは豊かな自然を大切にしつつエコロジーや
有機栽培にこだわる Oregonian（オレゴン州に住む人のことを誇りの念を込め
てこのように表現します）の心意気なのか，ヒッピー文化の名残で自由な発
想を持つ人が多いせいなのか，地域全体であらゆる多様性を受け入れる姿勢
がありました。異文化での育児はたいてい孤独で難しいものだと覚悟してい
ましたが，ポートランドのコミュニティに，そして教育システムの中に外国
人として入り込んでいくにあたり，そのような難しさを実感することは最後
までありませんでした。

5　医療福祉系大学教員としての英語との関わり

　12 年間に及んだアメリカでの生活に区切りをつけて 2017 年に帰国し，2018 年からは医療福祉系大学において主に英語科目を担当する教職に就いています。本務校では医師，薬剤師，看護師，理学療法士など医療及び福祉の専門家を目指す学生が勉学に励んでいます。日本の医療機関では年々外国人患者の受入れ件数が増加しており，日本語を第 1 言語としない人々が医療サービスを受ける機会も，そしてチーム医療の一員として働く機会も増えていますが，そのような現状を踏まえ，医療のスペシャリストを目指す学生たちの英語に対する意識を，"授業で習うもの" という位置づけから "患者や同僚とコミュニケーションと図るためのツール" にシフトさせるサポートこそが，語学を担当する教員に課せられた使命だと考えています。

　患者とのコミュニケーションは説明責任の観点からも必要に応じて通訳などを介するべきですが，挨拶や気遣いの言葉かけ，そして救急や終末ケアの場面ではできれば患者の第一言語，それが不可能であれば「共通語としての英語」で行うべきであると考えます。患者のニーズに合った方法でコミュニケーションを試みる態度は，患者との信頼関係を築く基礎となるものです。とはいえ，日本国内にいる限り，コミュニケーションのほとんどが日本語のみで事足りてしまう（と，現状では思えるような）環境に身を置いている多くの学生に，英語をコミュニケーションツールとして実践的に使う機会をどのように提供することができるのでしょうか。

6　English as a Medium of Instruction（EMI）

　私の研究テーマの一つに一般教育科目や専門科目を英語で学ぶ "EMI（English as a Medium of Instruction，媒介としての英語）" があります。EMI にはその解釈において幾通りかの違いがみられますが，"The use of the English language to teach academic subjects in countries or jurisdictions where the first language（L1）of the majority of the population is not English.（Dearden,

2015)"，すなわち「人口の大多数が英語を第一言語としない国や地域におい
て一般教育科目や専門科目を教えるために英語を使用すること」(筆者訳) とい
う定義が広く受け入れられています。

　英語による授業というと，これまでも Immersion Program が主に初等教育
で，そして高等教育では英語による英語の授業 (Teaching English through：
TETE) や内容言語統合型学習 (Content and Language Integrated Learning：
CLIL) が広く取り入れられてきましたし，英語が使われる授業としてさらに身近
なものには ALT (Assistant of Language Teacher) や英語のネイティブ講師によ
る英語の授業などがあげられます。これらの授業では英語運用能力の習得が学
習目的になることから，英語で「読む，聞く，書く，話す」スキルが評価の対
象となります。一方で EMI では英語そのものをカリキュラムの中で体系立てて
学ぶことはないものの，授業言語が英語になることで学習者は内容理解のため
に必要になる英語のスキルを自然と身に着けていくことになり，例えば留学に
近い環境で学ぶことが可能となります。

　また，EMI は留学生にとっては日本語運用能力の習得前から学位取得に
必要な科目履修を開始することを可能とし，また大学教員とっては日常的に
英語を使用する機会を提供することから教員自身の英語力の維持，向上につ
ながることが期待されます。文部科学省によると，2016 年には全体の 42% に
あたる 309 大学で EMI が取り入れられており，また英語による授業のみで
卒業できる学部も 38 大学 65 学部 (MEXT, 2019) に及ぶなど，高等教育機
関で EMI は大きな注目を集めています。

　このように多くの利点が注目される EMI ですが，以下のような課題も指
摘されているのも事実です。
- 学習者の英語運用能力が学習コンテンツの内容理解に影響しうる
- EMI を提供できる大学教員の不足
- 授業内で使用される英語の種類にバラツキがある

　特に，EMI で使用される英語の種類については，EMI 担当教員やクラスメー
トの英語の発音やイントネーションが原因で内容理解に支障があったり，コ
ミュニケーションが不足したりといった懸念があります。村田 (2017) は EMI
では英語圏への留学経験者や帰国子女など英語母語話者の英語に慣れている

学習者ほど授業内で使用される英語の発音やアクセントの違いを理由に否定的な評価を下しがちであること，その原因の一つに英語の多様性に触れる機会が乏しいことが影響しているようであることを指摘しています。また，米国や英国で話されるいわゆる“流暢な英語”をモデルとして英語学習をしてきた日本人は，完ぺきな英語を目指しがちであるが故に英語を使うことへのコンプレックスを持つ傾向があること，そして英語で「読む，聞く，話す，書く」ことがいつも評価の対象だったことから間違いを恐れる傾向があることを考えると，EMIにより英語を本来の目的であるコミュニケーションツールとして再認識することが多くの学習者に必要であることは明白です。異なる文化や言語の多様性に触れる機会を積極的に取り入れ，「違いを受け入れる寛容さ」を養っていくことが求められています。

7　共通語としての英語（ELF）

　私が大学1年生を中心に行ったアンケート調査では，海外研修などに参加することに消極的である学生を対象にその理由を探ったところ，経済的負担の他に「将来，海外で働く予定はないから」，「英語は嫌いだし留学する予定もないから」といった意見が多くみられました。確かに現状では，日本国内で米国や英国など英語を第1言語とする人と話す機会はほとんどないだけではなく，コミュニケーションツールとして英語力が求められる場面は多くないように感じます。しかしこの状況はこの先どの程度続くのでしょうか。

　少子高齢化に伴う深刻な労働力不足を緩和すべく2019年4月に施行された出入国管理法の改正に伴い，日本は中国，タイ，ミャンマーなどアジア諸国からの多くの外国人労働者を迎え入れています。また，2020年に開催予定であった東京オリンピック・パラリンピックを見据えて官公庁が進めてきた訪日プロモーションの成果もあり，来日・訪日外国人の数は増加してきました。2020年のCovid-19パンデミックの影響でその数は激減したもの，流行が落着き越境移動が容易になるにつれ，再び増加していくことでしょう。なお，来日者数の内訳を見てみると，北米や英国からは160万人程度であるのに対して，韓国，中国，台湾からの観光者数は1,900万人に上ります（日

本政府観光局，2018)。

　これらの現状を考えると，私たちに求められる英語力は米国や英国で話されるような英語というよりも，むしろ第1言語が異なる人の間でコミュニケーションを成立させるための「共通語としての英語（ELF: English as a Lingua Franca)」であると捉えるべきです。私たちにとって英語とはそれを第1言語とする人たちとのコミュニケーションツールであることはもとより，異なる言語を話す人たちとのコミュニケーションを媒介するツールであると，認識を改める必要があります。英語学習においても，いわゆるアメリカンイングリッシュやブリティッシュイングリッシュのみに正解を求めるのではなく，ある程度の多様性を許容しつつ，コミュニケーションツールとして機能することに重点をシフトすることも可能でしょう。

　2020年から小学校でも英語が教科化され，英語教育への関心はさらに高まりつつあります。また，これまで「読む」「聞く」という英語をインプットするスキルに重点がおかれがちであった日本の英語教育は，2020年度以降の大学入試では「話す」「書く」という英語をアウトプットするスキルも問われることになるなど，大きな転換期を迎えています。ベネッセ（2018)が中学3年生に行ったアンケート調査によると，学校で「話す」「書く」活動をしている生徒は，そうした活動をしていない生徒よりも将来の英語の必要性を強く感じており，また自分が英語を使うイメージを持つことができるという報告があります。必要性を感じるから学習するという内発的動機付けは先述のEMIの効果を裏付けるものです。英語学習を継続する動機付けの観点からも，学びを実践に結び付ける機会，そして英語を本来の機能であるコミュニケーションツールとして認識できる機会が必要です。

8　おわりに

　私自身は2019年度から本務校において，プレゼンテーションスキルの授業をEMIで開講しています。学生たちは授業開始前及び直後では授業言語が英語であることについての不安を多く訴えるものの，学習が進んで彼らの意識が授業言語から授業コンテンツにシフトするにつれて，授業言語について

の不安や違和感の解消が見られます。将来医療サービスに従事する学生たち
が言語の違いを問わずにコミュニケーションについて深くかつ自然に考える
機会になることを願いつつ，また授業から得たスキルが将来のチーム医療に
おいて，そして患者とのやり取りの中で大いに活かされることを期待しつ
つ，今後さらに医療系大学における EMI の在り方について探求していきた
いと考えています。

　大学生という時期は多くの学習者にとって人生を大きく左右する決断をす
る時期になります。私はこのような時期に参加した米国研修やゼミでの研究
活動から多くの気づきとリサーチクエスチョンを得ました。それらは様々な
形で今の私の考え方に影響を与えていますが，その一つである英語との関わ
り方はまさに研究者としての私の信念の根幹となっています。それらを子供
たちや担当する学生たちに"気づき"の機会を多く提供することで還元して
いくこと，それが保﨑研究室での学びを次につないでいく私の役割であると
信じています。

【参考文献】

Cobb, B., Vega, D., & Kronauge, C. (2006). Effects of an Elementary Dual
　　Language Immersion School Program on Junior High School Achievement.
　　Middle Grades Research Journal, 1(1).

Potowski, K. (2007). *Bilingual Education & Bilingualism S. : Language and
　　Identity in a Dual Immersion School*. Clevedon, GB: Multilingual Matters. ISBN
　　9781853599446.

ベネッセ教育総合研究所. (2018). 中3生の英語学習に関する調査〈2015-2018
　　継続調査〉

観光庁 Japan Tourism Agency. (2019, July 4). 訪日旅行促進事業（訪日プロモー
　　ション）：国際観光：政策について. 観光庁. Retrieved from https://www.mlit.
　　go.jp/kankocho/shisaku/kokusai/vjc.html

日本政府観光局. (2018). 2017 年国籍別／目的別　訪日外客数（推定値）. Retrieved
　　July 26, 2018, from https://www.jnto.go.jp/jpn/statistics/tourists_2017df.pdf

村田久美子・飯野公一・小中原麻友. (2017-03-31). An Investigation into the
　　Use of and Attitudes toward ELF (English as a Lingua Franca) in English-
　　medium Instruction (EMI) Classes and Its Implications for English Language
　　Teaching. 早稲田教育評論, 31(1), 21-38.

文部科学省.（2011）. 国際共通語としての英語力向上のための 5 つの提言と具体的施策. Retrieved from mext.go.jp/b_menu/shingi/chousa/shotou/houkoku/1308375.htm

第7章

アメリカ研修後も継続する協働での学び

寺　田　恵　理

1　はじめに

　筆者が保﨑研究室のアメリカ研修に学生として参加したのは，2005年のことです。当時の研修受け入れ校はオハイオ州のCase Western Reserve Universityでした。現地の日本語のクラスに参加し，日本人の若い女性の先生が教えている姿を見て，「海外で働いているってすごいな！」，「どうやってここに辿り着いたんだろう？」，「どうやったら海外で働くことができるんだろう？」と，知らなかった世界を見てワクワクしたことを今でも覚えています。その当時の自分にとって，海外の大学で日本語を教えるなどというのは遠い世界の話でしたが，その夢も実現し，日本語教師になって10年が過ぎたところです。筆者はアメリカ研修の思い出について聞かれる度，この新しい世界との出会いを自身のストーリーとして語っています。

　現在は，早稲田の学生が研修で訪れるオハイオ州立大学（The Ohio State University, OSU）で客員研究員として研究を行い，2018年まで受け入れ校の日本語教師としてアメリカ研修に関わってきました。筆者が担当していたのは上級日本語コースです。

　このクラスでは，両校の学生にとって互恵性があることを念頭に，活動を実施していました。具体的にいうと，研修で訪れる早稲田の学生は「プレゼンター」，研修受け入れ校のOSUの学生は「オーディエンス」なのですが，それぞれその役割を超え，早稲田の学生のプレゼンテーションでOSUの学生は通訳を行う，クイズや質疑応答では早稲田の学生は英語，OSUの学生は日本語を使うという，参加者全員にとってチャレンジングな活動を目指して

図 7-1　「笑点」のプレゼンの様子

きました。図 7-1 は大喜利を行うテレビ番組「笑点」についてのプレゼンの
様子です。早稲田の学生が正座でプレゼンを始めたため，OSU の学生も正
座をして通訳しています。着物を着ている左側 3 名がプレゼンター，手前に
座っている 3 名は通訳に挑戦している OSU の学生です。

　上級日本語コースの学期末アンケートでは，「授業で印象に残っているこ
と」として早稲田の学生との活動が毎年挙げられています。学生から好評を
得ている協働での活動をたった 1 日の研修で終わらせることなく，何らかの
形で継続できないかと考え，早稲田の学生に上級日本語コースで行なってい
るプロジェクトへの参加をお願いすることにしました。本稿では，まず上級
日本語コースの概要について説明し，その後で 2019 年春学期に行った「ニュー
スレタープロジェクト」での OSU と早稲田の協働での学びを紹介します。

2　オハイオ州立大学の上級日本語コース

1　自立して学び続ける学習者育成を目指す活動デザイン

　オハイオ州立大学（OSU）の日本語プログラムは，言語学習の目的を文化へ
の意味ある参加とする，パフォームドカルチャーアプローチ（Performed Culture
Approach, PCA）（Walker & Noda, 2000）を取っています（PCA の詳細は本書
第 4 章を参照）。PCA による授業は，「具体的経験」，「省察的観察」，「抽象的
概念化」，「能動的試み」の 4 段階の学習サイクルからなる Kolb（1984）の経験
学習の理論がベースになっています。

　OSU の日本語プログラムは五つのレベルからなり，上級日本語コース（上級コース）は最も高いレベル（レベル5）です。このコースは，2001 年に東アジア言語文学学科の湯浅悦代教授によって立ち上げられました。上級コースには週1回のグループ授業と週1回の個別授業があり，各授業では日本語の「話す」「聞く」「読む」「書く」の4技能を総合的に高め，コース修了後も自立して日本語の学習が続けられるスキルを身につけます。

　上級コースの参加者は学部1年から大学院生までと幅広く，学習者の専攻は「歴史学と日本語」「経済学と数学と日本語」といった複数専攻や，心理学，国際ビジネス，東アジア研究など様々です。学習者の日本語レベルは日本語能力試験（Japanese-Language Proficiency Test, JLPT）の N1〜N3 レベルであり，かなり差のある学期もありますが，ほとんどの学習者は身近な社会問題について自分の意見がある程度伝えられるレベルです。

　参加者の学年も，専門も，日本語能力も異なる上級コースのグループ授業において，すべての参加者にとって有意義な学びをどのようにデザインするかということは重要な課題です。Jia（2017）では，言語学習者が超上級レベルになるためには，言語学習を長期的なキャリアや人生の目標とつなげ，学習を継続するためのモチベーションを高める経験を様々な場面で積み重ねる必要性が示唆されています。筆者は，上級コースもこのような経験を積める場となるよう，参加者全員がコミュニティに貢献し，みんなでやり遂げた！という達成感が感じられる，それぞれの成功体験につながる活動のデザインに取り組んできました。

　授業での成功体験は，「やればできる」という学習者の自己効力感を高めてくれるものだと考えられます。自己効力感とは，ある課題や行動を達成・実行できるという確信を概念化したものであり，今後の選択や行動に影響を与えるものです（Bandura, 1995）。これらの成功体験は，卒業後も自立して学び続ける学習者育成の後押しになるのではないでしょうか。

2　2019 年春学期のグループ授業の概要

　本稿で対象とする授業は，2019 年春学期（1〜4月）に行われた上級コースのグループ授業（週1回80分×15週間）です。参加者は学部1年から修士

課程までの学生計 6 名です。本文中では 6 名の学生を「学生 A」,「学生 B」,「学生 C」,「学生 D」,「学生 E」,「学生 F」と表記します。この学期は,「読み物」,「ディスカッション」,「ヒーローインタビュー[1]」,「ニュースの聴解」,「速読」,の五つの活動を組み合わせて行いました。「読み物」と「ディスカッション」は毎週,「ヒーローインタビュー」は 2 週に 1 回,「ニュースの聴解」,「速読」は 3, 4 週に 1 回程度行われました。ここでは, 毎週行われている「読み物」と「ディスカッション」について紹介します。

　グループ授業は上述の通り週 1 回 80 分という限られた時間であるため,「読み物」は授業の前に読み, わからない語彙は調べ, 内容を確認する質問シートを行い, テーマに関連した作文を原稿用紙 1〜2 枚に書いてくることが課題となっています。授業では主に内容確認や質疑応答を行います。現在使用されている読み物は, 本書第 4 章の執筆者である野田眞理教授が書かれたオリジナル教材と出版物からの引用が中心です。

　「ディスカッション」のテーマは,「読み物」, 授業で視聴した日本の映画, 本稿で取り上げる「ニュースレタープロジェクト」と様々ですが, 春学期の後半は,「ニュースレタープロジェクト」に関連したディスカッションにかける時間が多くなります。ディスカッションはグループ授業前に行う「準備」, グループ授業での「ディスカッション」, グループ授業後に行う「振り返り」からなり, この授業ではこれら三つを合わせて「ディスカッション活動」と呼んでいます。ディスカッション活動は,「ニュースレタープロジェクト」を支えている活動として重要なものですので, 少し長くなりますが次項で詳しく紹介します。

3　ディスカッション活動の目標と仕組み[2]

　上級コースのディスカッション活動では, 発言者としての参加だけでなく, ディスカッションリーダー（Discussion Leader, DL）としてディスカッションを

1）「1 番早く教室に着いた人」「健康的な朝ごはんを食べた人」「体が最も柔らかい人」などその日のヒーローを決め, インタビュアーとなった学習者は適度な相槌を使用したり, 話を掘り下げる質問をしたりしながら, ヒーローにインタビューを行う。

2）本項は寺田他（2019）を基に作成された。

運営できるようになることを目標としています。DL は参加者の発言に対して
「そうですか」と曖昧に受け入れるだけでなく，「つまり，〜ということですか」
と発言をまとめ，確認を行います。発言のまとめと確認には，参加者全員が
他者の意見を理解した上で話し合いを進めるという意図があります。発言者
もまた，他の参加者の意見をまとめた上で反論したり，必要に応じて自分自
身が前に述べたことを言い換えて再提示したり，補正したりすることにより，
ポイントを明確にすることが求められます。図 7-2 は活動の仕組みを示して
います。

　まず，グループ授業の前の「準備」では，学生が各々ディスカッションテー
マについて考えます。数週に渡って同じテーマでディスカッションを行う場
合は，これまでのディスカッションで出てきたアイディアや意見の板書の写
真を確認します。

　グループ授業のディスカッションでは，初回に，前年度の先輩のディスカッ
ションを撮影したビデオを視聴し，ディスカッションの進め方や DL の役割
について話し合います。その後，プリントで DL の基本的な役割とそこで使
用される文型・例文を確認します。そして簡単なお題で DL の重要な役割で
ある，他者の発言の要点をつかみ，確認する練習を行います。2 回目以降の
ディスカッションでは，学生が持ち回りで DL を担当します。教師は日本語
表現，意見のまとめ方・つなげ方などディスカッション運営を示す支援，ま
た論点やアイディア，クラス全体で共有した方がよい語彙や表現の板書を行
ないます。ディスカッションの様子は，学期の初めに参加者全員から了解を
得てビデオ撮影しています。

　振り返りは DL を担当した学生を対象にしたものです。この学期は学生全
員が一人 3 回ずつ行いました。DL 1 回目→振り返り 1 回目→DL 2 回目→振
り返り 2 回目→DL 3 回目→振り返り 3 回目という流れになります。教師は，グ
ループ授業の翌日，学生とデータの共有ができる大学のクラウドにディス
カッションのビデオファイルをアップロードします。DL を担当した学生は
そのビデオを視聴して，自身の日本語表現の修正，気づきや学びの言語化を
行い，振り返りシートを教師にメール添付で送ります。

　教師は振り返りシートへのフィードバック（feedback, FB）において振り

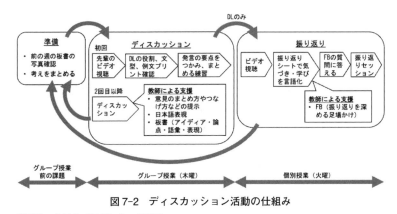

図7-2　ディスカッション活動の仕組み

（出所）　寺田他（2019）を一部修正

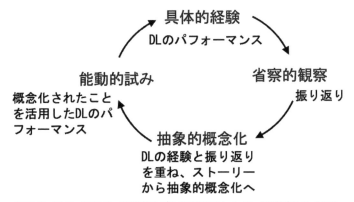

図7-3　Kolb（1984）の学習モデルを参考にした DL の学びのサイクル

（出所）　寺田他（2019）を一部修正

返りを深める足場かけ（scaffolding）を行い，「なぜそうなったと思うか」，「どのように改善できるか」，「議論を深めるためにどの場面でどのような質問ができるか」といったことを学生に考えることを促します。学生はそれらの質問に答え，再度，振り返りシートを送ります。ここまでが「振り返りセッション」前の準備です。セッションは，グループ授業翌週の個別授業（15 分）を使用して行います。

　図7-3 は，DL の学びのサイクルを示しています。振り返りを取り入れたディスカッション活動では，DL としてのパフォーマンスを振り返って意味づけ

が行われ，ストーリーが作られます。そしてパフォーマンスと振り返りを重ねて作られたいくつものストーリーから抽象的概念化が行われ，概念化されたことを活用したパフォーマンスを行い，成功体験につなげる仕組みとなっています。

　この一連のディスカッション活動が，春学期後半に行われるニュースレタープロジェクトでの発展的な議論展開を導きます。

3　ニュースレタープロジェクト

1　ニュースレタープロジェクトの概要

　春学期の終わりに，オハイオ州立大学東アジア言語文学学科で行われる「LangFest（ランゲージフェスタ）」では，中国語，日本語，韓国語の言語プログラムのクラス単位で発表を行います。上級日本語コースでは，日本語を勉強している学生や日本語プログラムの教員，支援者，本校のあるコロンバス在住の日本人などにグループ授業での活動について知ってもらうことを目的とし，ニュースレターを作成し，展示します。これを上級コースでのプロジェクトとして，「ニュースレターに掲載する記事」，「各記事の担当者」，「各記事の見出し」，「レイアウト」などを話し合い，学生が主体となって一つの作品を作り上げます。

　ニュースレターに毎年掲載している記事の一つが，在外日本人へのインタビューです。海外で生活する日本人を対象に，上級コースの学生がそれぞれインタビューの依頼をし，日本語でインタビューを行い，記事を執筆します。在外日本人へのインタビューは読み物の「在外日本人」（第8週），「インタビューの手順」（第9週）と連動しています。ニュースレター作成をグループでの協働プロジェクトとするため，在外日本人へのインタビューにテーマを持たせ，学生がそのテーマを協力して追究できるようにしました。図7-4はニュースレターのイメージです。ニュースレター全体の読者は「LangFest」を訪れた人々になりますが，ニュースレターの中心部分である「在外日本人へのインタビュー記事」は，アメリカ研修でつながりのある早稲田大学の学生を読者とし，「ともに考えるインタビュー記事」を目指しています。ちなみに，

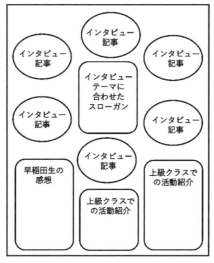

図 7-4　ニュースレターのイメージ

このプロジェクトを始めた最初の年は，「若者が海外に出ることを後押しする」をテーマとしました。

　このプロジェクトでの経験が OSU の学生にとって日本語学習のモチベーションを高めるものとなるよう，読者である早稲田の学生にはオンラインアンケートツールを利用して無記名で感想を書いてもらい，フィードバックが受けられるようにしました。そのフィードバックをもとに，OSU の担当者は自分たちの記事が読者にどのように受け止められたかまとめ，さらには読者の意見を新たな視点としてテーマについて再考し，「早稲田生の感想」という一つの記事にしました。

2　2019 年の在外日本人へのインタビューテーマ（第7週）

　この年の在外日本人へのインタビューテーマは，第 5 週の読み物「文化と偏見」に関連した「異文化に対する偏見をなくすためにどうすればよいか」にしました。このテーマを選んだのは，クラスでのディスカッションが特に盛り上がったからです。またインタビューの対象者を「在外日本人」と設定しており，海外で生活し，多様な文化的背景を持つ人々と接触・交流してい

る日本人にインタビューを行うことで，この問題に向き合う上でのヒントが得られるのではないかと思われ，インタビュー対象者という点でも適切と考えられるためです。

　クラス全員で，インタビューでの焦点を話し合った結果，①海外で生活する日本人がどのような異文化経験をしているか，②海外での生活を通して異文化に対しての考え方はどのように変わっていったか，あるいは変わらなかったか，という2点を中心に話を聞くことになりました。

3　ニュースレター編集会議（第8週）

　ニュースレタープロジェクトは第8週から始まります。初回は教師がプロジェクトの趣旨と全体像を説明し，過去の学生たちが作ったニュースレターの写真を見ながら活動のイメージを作ります。その後，全員でニュースレターの編集会議を行います。編集会議ではニュースレターに掲載する記事や各学生が担当する記事に加え，編集長・レイアウト係など，執筆以外の担当者を話し合いによって決めます。

表7-1　掲載記事と担当

掲載記事と記事の担当

①	在外日本人へのインタビュー • 紹介文：学生C • インタビュー記事：一人一つ • まとめの文：学生D • 早稲田生の感想：学生A
②	授業で視聴した映画のストーリー紹介＋テーマに関するクラスでのディスカッション：学生F
③	異文化に対する偏見をなくすためには • 記事：学生E • 偏見をなくすためのポスターデザイン：学生Aを中心に全員で
④	振り返りセッション：学生B

記事以外の担当

編集長：学生D
校正：教師
レイアウト＆題字：学生F

　表7-1 は掲載記事と担当者を示しています。このプロジェクトでは，在外日本人へのインタビュー記事以外に全員がもう一つ別の記事を担当し，一人が二つの記事を執筆します。① 在外日本人へのインタビューは，インタビューの趣旨を説明する「紹介文」，それぞれの学生が在外日本人にインタビューを行い執筆した「インタビュー記事」，6人分のインタビューについての考察を含めた「まとめの文」，6人のインタビュー記事を読んだ「早稲田生の感想」の四つから構成されています（ニュースレターのレイアウトは，後掲図7-7を参照）。編集長は，早稲田側の代表の学生に日本語で協力の依頼メールを送り，感想が集まったあと，お礼を伝えるという重要な役割を担います。

4　在外日本人へのインタビュー準備から記事の完成
（第 8 週～第 12 週）

　第8週の読み物「在外日本人」の宿題のページには，インタビュー候補者3名の名前と各候補者への質問を三つずつ書く欄があり，授業の前に考えてくることが課題となっています。インタビュー時間の目安は7分から10分です。第8週の授業では学生が考えてきた候補者3名の名前と職業をそれぞれ黒板に書き，全員でインタビュー対象者のバランスを考えます。異文化での多様な経験を聞くために，6名のインタビューの相手が全員交換留学生，全員大学院生などと偏らないよう配慮しています。最終的に学生自身がインタビューの相手を1名選び，考えてきた質問の内容と質問の順番を発表します。

　翌週，第9週までの課題は三つです。まず，読み物「インタビューの手順」を読み，インタビューの進行の仕方，インタビュー後のお礼など，インタビュー活動の流れと注意事項を確認します。次に，第8週の授業内での話し合いと教師からの宿題プリントへのフィードバックを参考に，インタビューの質問を修正します。そして別プリントの「インタビュー依頼文」のサンプルを参考にしながら，インタビューの候補者に送る依頼文を考えます。

　第9週の授業では教師がインタビュー対象者の役になり，学生は準備してきたインタビューの出だし部分である挨拶，インタビューの目的確認，さらに一つ目の質問までを通して行います。インタビューの受け手が答えたあとに，「はい，わかりました。二つ目の質問です」という単調な進め方ではなく，

図7-5 第9週のディスカッション

秋学期からディスカッションやヒーローインタビューを通じ継続して練習している適度な相槌やオウム返しの使用，相手の話の要点をつかんでの確認，話を掘り下げる質問など，これまでに学んできたストラテジーを取り入れながら相手の話を引き出す練習を繰り返します。これはパフォームドカルチャーアプローチでリハーサルと呼ばれる部分です。図7-5は第9週のディスカッションの様子です。スクリーンに映し出された昨年の先輩のニュースレターを参考にしながら話し合いを行なっています。

　ここから3週間かけてインタビューの「依頼」，「実施」，「インタビューの文字化」，「記事の執筆と見出し付け」，「記事と見出しの修正」，「インタビューの受け手による原稿の確認」，必要に応じて再修正を行い，第12週の授業までに記事を完成させます。

5　インタビュー記事全体に対する見出しづけ（第13週〜第14週）

　第13週から第14週にかけて，6人のインタビュー記事全体に対する見出しを決めます。6人の記事には，インタビューから見えてきた異文化に対しての態度やアプローチとして「自分の価値観を押し付けたり，自分の価値観で物事を測らないことが大切」，「これまで普通だと考えていたことは普通ではないかもしれないと思った方がいい。しっかり相手のことを聞くことが大切で，忍耐力も重要」，「違う文化に優劣の差をつけない」，「自分の文化にも影響されているから，相手の文化を習い，お互いが理解しようと努力したら壁を乗り越えられる」，「他の文化を体験して，だんだんその文化に慣れていき，理解する努力をするのが一番」といったことが挙げられています。

　第13週のディスカッションでは，学生たちは複数のインタビュー記事に「コミュニティ」という言葉が共通して出てきたこと，また海外で生活し，「他の文化を経験することで考え方が変わった」と語られていたことがポイントであると指摘しました。

　翌第14週のディスカッションでは，先週の二つのポイントを踏まえて具体的な見出しを作っていきます。ここではインタビュー記事全体に対する見出しがどのように決定したか，その過程の一部を学生たちのやりとりを引用しながら紹介します。

　まず，この日のDLが「先週，キーワードとしてコミュニティ，共通点として『経験して異文化についての考え方が変わった』という二つのポイントが出ましたが，記事の見出しで新しいアイディアなどはありますか」と，先週決まったことを再提示してから，新しいアイディアがあるか参加者に聞きました。このような進行の仕方は，母語でのディスカッションであれば大学生は自然にしていることと思われますが，外国語でのディスカッションでは容易でないため，学期の初めには「おはようございます。みなさん，何か意見はありますか」と唐突に始まるディスカッションがよく見られます。

　ここでは，必要な情報を短くまとめて提示してから質問が行われました。しかし，しばらく誰からも手が挙がらなかったため，DLは聞き方を変え，「コミュニティという言葉をやはり，みんな入れた方がいいと思いますか」と問いかけます。この具体的な問いかけによって意見が出始めます。

　発言者側に注目してみると，学生Fの「どうですか，異文化のあるコミュニティ？」という提案に対し，「カルチャーショック」という言葉を入れたいと考えていた学生Dは，「異文化のあるコミュニティはカルチャーショックが出やすいところだと思います。だから，それ［学生Fのアイディア：筆者注］も大丈夫だと思います」と自身のアイディアと関連づけた上で見解を示します。さらに，学生Eは「カルチャーショックの意味がもう異文化の中にあると思いますから」と，「カルチャーショック」は「異文化」という言葉で伝えられるのではないかと，学生Dの見解に自身の意見を付け加えます。このように学生たちは準備してきた考えを発表するだけでなく，他者の意見をもとに議論を展開させていきます。これもまた学期の初めのディスカッションとの大

きな違いです。

　ディスカッションの中盤になると，学生 A から，「B さんが書いた『世界が広がる』って言葉を聞いて，それは異文化についての考え方が変わったという意味もあると思うし，このフレーズがとても印象に残ったので，そういう感じのタイトルがいいなと思いました」という意見が出されます。それに対し学生 C は，「異文化を経験して世界が広がるってことは，自分が成長できたという意味もあると思うので」と自身の解釈を追加しながら，「異文化で世界が広がる」という見出しを提案します。学生 C の提案にクラス全員が賛同を示し，みんなで表現を調整した結果，「異文化によって世界が広がる」となりました。学生 E は「これ，やっぱりいいですよ！　みんなの意見をコンパイル」と，みんなのアイディアが取り入れられた見出しに満足していることがうかがえます。

　DL は「他の文化を経験してわかったとか，異文化についての考え方が変わったとかそういう意味も含まれているので，みなさん賛成でよろしいですか」と，この見出しに含まれる意味を再度提示し，これでよいか確認を取ります。これに対し全員が賛成し，見出しが決定しました。このように学生たちはお互いの考えを尊重し合いながら，出てきたアイディアを発展させ，クラス全員で見出しを創り上げていきました。さて，このプロジェクトを日本語でのインタビューと記事執筆の練習にとどめず，実際に読者が存在し，応答があるという点で，さらに真正性を高めてくれるのが早稲田の学生の参加です。

6　早稲田の学生の参加

　インタビュー記事完成後の第 12 週から第 13 週にかけて，編集長は早稲田の代表の学生に読者としての参加協力を依頼するメールを送ります。上級コースの学生の多くは秋学期から継続して授業を受講しているため，前年の 2018 年 9 月に訪れた早稲田の学生とは面識があります。2019 年は 11 名の早稲田の学生からインタビュー記事を読んだ感想を聞くことができました。教師は集まった感想をエクセルファイルにまとめ，「早稲田生の感想」の記事の担当者にメール添付で送ります。担当者はそのファイルを見ながら重要な意見や情報を抽出し，第 13 週の授業で報告を行います。

表7-2　インタビュー記事に対する早稲田の学生の感想抜粋

① 山本先生のお話にも出てきたように，文化が違うことでコミュニケーションに障害が出ることは確かにあると思います。文化は決して誰かから教わって身に付くものではないですが，そこに属する人たちの価値観に大きな影響を与えています。文化の違いによって価値観の違いが生まれ，コミュニケーションを困難にする事例は，アメリカと日本だけではなく，日本国内でも見られることです。しかし，文化や価値観の違いだけで偏見を持つのではなく，6人全員が言うように，いろいろな文化に触れ，相手を受容し，自らの価値観を広げることが大切だと思います。

② 実際に長期の海外経験をされている方からの意見はどれも信憑性があった。それぞれの環境によって意見は大きく異なるのだと興味深く思った。特にアメリカの大学で日本の小学校に戻ったような感覚を受けたという先生の意見は意外だった。[中略] 私たちは，生まれた時から否応なくその土地の文化の中で生きていく。そして，無意識のうちにその文化における「正しいこと」と「正しくないこと」の判断基準が身についていくのだと思う。そこで獲得する判断基準が他文化に対する偏見を生む要因であると考える。「正しい」・「正しくない」で判断するのではなく，「そういう考え方もある」と相手を受け入れる寛容な姿勢が重要だと思った。

③ 異文化に対しての偏見を全体を通してなくすためには，何が大切か。それは偏見を持っている人を現場[異文化環境：筆者注]に置くことであると私は思う。偏見を持っている人は多かれ少なかれ偏見の対象について，文句を言う。その理由はその偏見の対象を十分に理解していないからである。つまり，偏見をなくすためには偏見の対象が「どのような面を持っているか」，「[自分が持っている印象と自分が経験したことに：筆者追加] 差があるか」という考えを持つことが大切である。

④ [前略] 私も日本で外国人がどのように日本に適応できるのか考えているので，アメリカで暮らす日本人がどのように感じていたのか，またどのように適応していくのか知ることができて，とても面白かったです。みなさん，適応した後なのでいい印象が多かったのかなと思いました。[中略] いろいろな方の視点が描かれ，いろいろな年代の方がいらっしゃるのも一つの要因だと思いました。そして，さらに良くなるには，もう少し，「インタビューをして」のところで，インタビュアーが感じたことや，インタビューをした時に思い出した自分の経験があるといいなと思いました。そうすると，インタビュアーの気持ちとインタビューの部分がもっとわかりやすくなるのかもしれません。ありがとうございました。読んでいて，とても楽しかったです。

　ここでは早稲田の学生4名の感想の抜粋を紹介します（表7-2）。インタビュー記事を読んで感想を聞かせてほしいということでお願いしていますが，早稲田の学生がインタビューの語り手と記者の声に耳を傾け，「異文化に対する偏見をなくすためには」というテーマについてともに考えていることがわかります。

　感想①と②では，自分の価値基準は属する文化の影響を受けていることが指摘されています。異なる文化的背景を持つ人々の考え方や価値観を，自分の価値基準で「いい」，「悪い」と判断するのでなく，異なる他者に対して寛容になることが大切であると述べられています。

　感想③では，異なる文化に偏見を持つのは，対象をよく理解していないからであるという見解が示され，自分が持っている印象が実際にそうであるのか，その環境で経験し判断することの重要性について言及されています。これは，自身の考え方や価値観の振り返りにもつながるものといえます。

　感想①，②において，「私たちの価値基準は属する文化の影響を受けている」とありますが，自分が持っている「印象」もまた属する文化や歴史的影響を受け，それぞれが育ってきた環境の中で形成されてきたものです。

　そのように形成された価値基準や印象だけで異文化を判断するのでなく，実際に経験してこれまでの自分の考え方や価値観を内省・更新していくことが，偏見をなくすために肝要であると考えられます。

　これらの意見は批判的思考と言えるでしょう。批判的思考とは，他者を批判するものでなく，自身が「何を信じ，何を行うかの決定に焦点を当てた合理的で，反省的な思考」（Ennis, 1987, p. 10）です。上級コースで「異文化に対して偏見をなくすためには」というテーマで行ったディスカッションでも，偏見をなくすためには，「他の国を訪れ，異文化を経験することが必要」や「多様な文化的背景を持つ人々と交流し，その人たちの立場やホンネを知ることが大事」であるという意見が出されましたが，他者と関わり，包括的に相手を理解しようとする姿勢・態度が早稲田とOSUの学生の考えに見られます。

　感想④では，記事に対する肯定的な評価と記事をさらによくするための具体的なアドバイスがありました。このようなフィードバックを受けることも貴重であり，学生のモチベーションを高める経験になります。早稲田の学生

の回答は，OSU の学生がテーマについて考えを深める上で貴重な視点を提供しています。

　これからの社会をつくるのは今を生きる私たち一人ひとりであり，異文化理解という非常に重要な課題について OSU の学生が記事として問いかけ，早稲田の学生が応答するというニュースレタープロジェクトでの対話は，その一歩を踏み出していると言えるでしょう。これはまさに協働プロジェクトの意義ではないでしょうか。

7　視点を拡張して再考し完成へ

　これらの早稲田の学生の回答をもとに，「早稲田生の感想」の記事の担当者は第 14 週までに記事を執筆します。担当者は感想②の「自分たちの価値基準で正しいか，正しくないかを判断するのでなく」という視点を取り入れ，「偏見をなくすためには，異なる文化や考え方を持つ他者と関わり，相手の立場に立って考えてみることが重要であり，そうすることで自身の世界が広がる」とまとめています。表 7-3 は，出来上がった記事です。原稿の修正は 2 回行われました。

　クラスでのディスカッションを重ね，早稲田の学生の参加協力を得てニュースレターは完成しました（図 7-6）。今後はこのプロジェクトに関わったひとりひとりが次の行動に移すことが望まれます。2019 年春学期の最終週，教室では黒板に描かれたニュースレターのレイアウト（図 7-7）を見ながら担当者が指示を出し，他の学生は台紙の色を選んだり，記事や写真を貼ったりと夢中で作業をしていました。自分たちの作品が出来上がった時の達成感に満ちた学生の顔が忘れられません。

表7-3　早稲田生の感想を記事としてまとめたもの

異文化はどこにでもある

　今年は,「異文化に対する偏見をなくすためにはどうすればよいか」というテーマで, 日本語レベル5の私たちは, 身近にいる在外日本人にインタビューをした。そして, そのインタビューの内容を記事にまとめ, 早稲田大学の学生に感想を聞いた。回答者は, 学部2年生が一人, 3年生が6人, 4年生が2人, 大学院生が一人, その他が一人, 合計11名であった。そして, 半数以上の6人が留学を経験していた。

記事を読んだ感想

　まず, 記事全体の書き方についての感想がいくつかあった。一番多かったのは「どの記事も興味深く, 上手くまとめられていた」という感想である。中には,「インタビューした内容とインタビュアーの意見のつながりが見えてよかった」という意見や,「いろんな人の視点があって面白かった」という意見もあった。一方で,「インタビュアーが感じたことや, インタビューをした時に思い出した自分の経験があるといい」という意見も出た。このように, それぞれの記事のよかった点と改善点を聞くことができた。

異文化は国内でも存在する

　異文化と聞いて大半の人は国の違いを思い浮かべるかもしれない。しかし,「異文化に対する偏見は国内でも存在する」という意見がいくつか出た。それは同じ国でも, 地域によって違う考えや習慣があるということである。つまり,「人はみんな違う」ということだ。回答者の一人が出したポイントでは,「私たちは無意識に正しいこと, 正しくないこと, と判断基準を身につける」というものがあった。確かに, 生まれた時からまわりに対する意見を持っているわけではない。成長していくうちに, 人は自分の意見ができ, <u>正しいか正しくないかで判断する態度から異文化に対する偏見が生まれる</u>のではないか。

偏見をなくすためには

　異文化に対する偏見をなくすことは長年の課題である。しかし, 達成に近づくためにできることが早稲田大学の学生からもいくつか聞かれた。それは, 多くのインタビューの内容にもあったように, 異文化での生活を経験することである。「実際に経験してわかる異文化がある」,「理解が不十分だから偏見が生まれる」, など似たような意見がたくさんあった。それは国が違うとは限らないが, 自分の世界だけにいて, 他の人の考えや生き方を無視していたら,「他の人たちは正しくない」と思い始めてしまうのではないか。<u>相手の立場に立つことによって, 共感できたり, 何か新しいことに気付けたりと, 世界が広がる</u>のである。

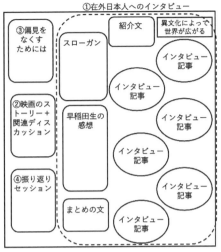

図 7-6　完成版ニュースレター　　　　図 7-7　ニュースレターレイアウト

4　お わ り に

　本稿では，OSU の上級日本語コースの活動の詳細とアメリカ研修から半年後に行われた早稲田の学生との協働的な学びを紹介しました。早稲田の学生のプレゼンでの通訳やニュースレタープロジェクトでの対話は，学生の日本語力がある程度高かったために可能だった活動と考えられます。また，この授業を担当した筆者自身が保﨑ゼミの卒業生であり，後輩に協力をお願いしやすかったという背景もあります。ここで紹介したニュースレタープロジェクトはこのような条件が整った中で行われたものではありますが，この先も日本語授業での実践において，学習者のモチベーションと自信を高められる多様な活動をデザインし，自立して学び続け，コミュニティに貢献できる学習者の育成を目指していきたいと思います。

【参考文献】

Bandura, A.（1995）. *Self efficacy in changing societies.* NY: Cambridge University Press.

Ennis, R. H.（1987）. A taxonomy of critical thinking dispositions and abilities. In J. B. Baron and R. J. Sternberg（eds.）. *Teaching thinking skills: Theory and practice.* W. H. Freeman & Co. 9-25.

Kolb, D.（1984）. *Experiential Learning as the Science of Learning and Development.* Englewood Cliffs, NJ: Prentice Hall.

Jia, J.（2017）. Motivating Experiences in an Extended Chinese as a Foreign Language Learning Career: Identifying what sustains learners to advanced-skill levels. *Ph.D. thesis.* The Ohio State University.

寺田恵理・野田眞理・保﨑則雄.（2019）. 日本語学習者のディスカッション　運営力を高める振り返りの試み. 京都大学高等教育研究, 25, 25-36.

Walker, G., & Noda, M.（2000）. Remembering the future: Compiling knowledge of another culture. In Diane Birckbichler and Robert M. Terry（Eds.）. *Reflecting on the Past to Shape the Future,* pp. 187-212. Lincolnwood: National Textbook Company.（中国語対訳版：In Galal Walker（Ed.）.（2010）. The Pedagogy of Performing Another Culture. *Pathways Series,* no. 12, pp. 33-50. Columbus, Foreign Language Publications.

||||||||||||||||||||||||||||||||||||||||||||||||||||||||||||||||||||||||||||||||||||||||||||||||||||||||

【私たちの研修を支えてくださった方 1】
ボストンでのホストの想い出

齋 藤 義 雄

　足掛け 15 年間に渡り，ボストンで早稲田大学の学生たちのホストをさせていただきました。その間，彼らを観察しつづけ，気づいたことを述べます。

　ゼミの若者たちに，米国研修でのボストン滞在を通じて世界観，独立精神を学ばせる機会を与えるという保﨑教授の基本理念に私も同調するところがあり，この活動に参加させていただきました。その当時，ハーバード大学でも，学生の 60％を海外に何らかの形で送り込むという目標を掲げていました。多くのアメリカの若者が海外に出て世界観を身につけ，自分たちの国を新たな観点から考えたわけですが，これは日本の学生にとっても大切なことです。狭い島国の日本から抜け出し，世界観を身につけ日本を新たに外から見直す機会になります。

　アメリカで長く生活している身として，学生たちに見てほしいものや感じていってほしいものは，数多くあります。異文化を学ぶに当たり，ただ訪問して表面的なものに触れるだけで帰国するのは，残念なことです。地元の人たちとの交流，そして，住んでいる環境に肌で触れて，初めて意義ある海外研修になります。この研修にアメリカ側のホストファミリーとして長年参加して考えたことを，活動の紹介とともに，2，3 紹介します。

◆エピソード 1

　まず，保﨑ゼミの学生たちの最初のタスクとして，現地集合があります。特に海外が初めての学生にとってこの経験は，価値あるものです。彼らの冒険は，パスポートの取得から始まり，飛行機の切符を買い，ボストンの隣のブルックライン市にあるホテルでの集合まで続きます。ボストンのローガン空港から目的地までの切符を買い，電車を乗り継ぎ，どの駅で降りるかを調

べ，ホテルまで辿り着く，この一連の行程をすべて英語で行うわけですが，これは言うほど容易なことではありません。

　私は，一行がオハイオでの活動を終えて，ボストンに到着する日の午後，ホテルに少し早めに行って，到着する学生たちを待ちます。そこで三々五々到着してくる学生たちに感想を聞くのは，楽しい時間でした。学生によっては，最初にニューヨークに遊びに行って，その後ボストンへ到着する学生がいたりするなど，様々でした。ホテルの到着までに悪戦苦闘した話を聞いたりもしました。海外が初めての学生の不安や葛藤など様々な感情に触れることができました。そこから，この経験が意味あるものだと確信しました。

◆エピソード２

　異文化を経験する上で，ホームステイやホームビジットの経験は，一つの重要な要素です。私の家に招待し，家庭の雰囲気を肌で感じられる機会を設けました。私は，料理が趣味でしたので，学生たち全員には，人数の関係でアメリカ料理を教えました。

　アメリカでクリスマス以上に最も重要なイベントが，感謝祭のディナーです。これはご存知の方もいらっしゃると思うのですが，感謝祭のディナーはクリスマスとは違って，人種，宗教に関わらずお祝いをする行事です。この時期には，日本のお盆のように里帰りをする人も多くいます。

　アメリカの最初の移民たち，つまり1620年にアメリカに渡って来たピルグリム（宣教師）たちが移民した最初の秋に，収穫をお祝いして七面鳥のローストやクランベリーの甘煮など，いろいろな秋の味覚を三日間にわたって食べたのが，このディナーの起源です。この感謝祭ディナーを学生たちと一緒に作って食べたことは，かれらにとって，楽しい思い出になったようです。食文化は，異文化を知る上で一番入りやすい方法です。

　ディナーの食材を購入するため，アメリカのスーパーマーケットに行ったのは，異文化を知る上でいい出発点でした。そこで様々なものを観察し，分析することは重要なことでした。スーパーで売られている肉の大きさや種類の多さ（鶏も丸ごと，子羊の足なんかも売っています）から，肉食のアメリカ人の家庭が見えてきます。肉のほかにも，オーガニック食品の多さ，朝食のコ

ンフレークの種類と数（陳列が2列もありました），紙で包んである人工的な薪（アメリカには暖炉がある家が多い）など，いろいろなものを注意深く観察分析するとアメリカ人の文化を学ぶことができます。私がこうしたことを説明すると，学生たちは興味を持って聞いてくれました。

特に学生たちは，生まれて初めて見る重さ10キロ以上の七面鳥のローストを家で焼いたものに，感激していたようです。一緒に大ご馳走を作りましたが，そこで作り方も学んだようです。かれらが日本に帰国した後，早稲田大学の所沢キャンパス祭で，ボストンのクラムチャウダーを自分たちで作ったと，のちに聞きました。

そのほか私の家内にも参加してもらい，共稼ぎの家庭の課題，女性の病院会長の仕事，アメリカの女性の課題など，様々な質問をする機会を与えました。娘たちとの会話などもすることがありました。

私の家族のアクティビティーとして，娘がハープのリサイタルをした時に，皆さんがコンサートに応援に来てくれたことも，いい思い出です。

◆失敗エピソード

私たち夫婦が住んでいたローウエル市はボストン郊外に位置し，ホテルからは通常，路面電車とコミューターレールを乗り継いで来ます。ある年，学生たちはボストンでコミューターレールに乗り遅れ，ローウエルまでタクシーで来たことがありました。40分以上の道をタクシーで来て，多額な料金を支払って到着しました。あまりに可愛そうなので私が払いましたが，電車やレー

ルのスケジュールをしっかり調べていなかったので乗り遅れたようです。日本では交通の便が良いため，1時間に1本しかないコミューターレールのスケジュールは，予期していなかったようです。

　別の年，我が家での感謝祭ディナーの後，学生たちに家からローウエル駅への行き方を細かく教えようとしたら，オリエンテーリングができるから大丈夫だと言って道に迷ったことがありました。コミューターレールの電車に乗り遅れ，ホテルまでやはり1時間近くかけて，タクシーで帰った学生たちがいました。こちらでよく言う，プランBがなかったようです。つまり，プランAがオリエンテーリング，プランBが行き方を紙に書くこと。二つのオプションを用意しておくのが大切ということを学んだでしょう。今はGPSがあって問題ないのかもしれませんが，人生ではプランBは必要です。

　今は，インターネットが発達してたくさんの情報が得られるようになり，海外研修の準備がしやすくなっているはずです。私が今の学生たちに望むのは，インターネットを活用してボストンのことを事前にもっと勉強してきてほしいということです。そうすれば，もっと意味のある海外研修になるはずです。

【私たちの研修を支えてくださった方 2】
ケース大学と早稲田大学との交流

萩原 孝雄

　今から 17，8 年前のことでしょうか，当ケース・ウエスタン・リザーブ大学（Case Western Reserve University，以下ケース大学）日本語科の K 講師から，早稲田大学保﨑研究室の学生が，秋学期に日本語科への訪問を希望しているという話を聞きました。大学間交流ということで，日本語科主任（正確には，一昨年退職した E 教授との隔年主任）であった私に，特に異存はありませんでした。聞けば引率者である保﨑先生は，私たちの大学があるクリーブランド市から南方へ車で約 3 時間のところに位置するコロンバス市のオハイオ州立大学（The Ohio State University）の大学院の卒業生だったことがわかりました。おそらくその縁で，ケース大学のことをご存知だったのでしょう。

　初回の訪問のことは実はほとんど記憶にないのですが，それ以来 2014 年に至るまでの 12 年間，毎秋学期の 9 月に，保﨑先生とその研究室の学生たちが私たちの大学を訪問されました。最後に来校された 2014 年から現在 2020 年までにもう 6 年が経過しました。私自身の高齢もあって記憶喪失が激しいのですが，思い出せる限りで，以下順不同になりますがいくつかの逸話（エピソード）を記します。

　まず記憶に残るのが，早稲田の学生さんたちによる Show & Tell です。これは，日本語を学ぶケース大学の学生たちに対し，英語と日本語で日本文化や日本社会を紹介するものです。トピックは毎年異なっていましたが，日本的で日常的なものが多かったと思います。

　異文化交流ということで，一つエピソードを紹介します。レストランのパティオ（屋外）での保﨑先生を交えた食事の最中，しきりに虫の音が聞こえたことがありました。試しに隣の E 教授（アメリカ人）に「何か聞こえますか」と聞いたところ，「何も聞こえない」という返事でした。そこにいた日本人の

134

講師などに聞くと即座に虫の音と返ってきました。私としては，角田忠信『日本人の脳』を試して見たかったのですが。角田氏によれば，日本人の脳は虫の音も言語脳で言語のように有意味なものとして敏感にキャッチするが，日本語脳以外の英語脳などでは虫の音は（言語ではない）雑音として無視されるということです。これは一時流行った日本文化論の一例，一説であり，最近ではPeter Dale, *The Myth of Japanese Uniqueness* や，それを受けた小谷野敦『日本文化論のインチキ』などで揶揄否定されているものです。そう言えば，列席していたアメリカ人Ｆ講師に同じ質問をすると，虫の音と答えました。しかし，角田氏の日本人脳特異説の真偽はともかく，日本文化は他文化（特に欧米文化）とはかなり異なっているとは思います。早稲田の学生さんたちが毎年ケース大学に来て Show & Tell をする所以でしょう。Dale は前掲書のエピグラフで漱石の『我輩は猫である』の一節（苦沙弥先生が大和魂を揶揄する部分）を引用して日本文化特異論をからかっていますが，彼は漱石の中心テーマが日本文化と西洋文化の異質性だったことを知っていたのでしょうか。漱石が終生いかに両文化の異質性と苦闘したかは彼の小説『こころ』や講演「現代日本の開化」，「私の個人主義」などを見れば明らかでしょう。漱石はその苦闘のために持病の胃弱を悪化させ胃潰瘍で49歳で早逝したのだと言っても過言ではないでしょう。

　また，レストランでのディナーの後，一行をダウンタウンのホテルに車でお送りした時のことです（同じ時刻，早稲田とケースの学生たちは，自分たちだけでキャンパス付近のどこかのレストランでディナーパーティーをしていました。その結果としてでしょうか，早稲田の学生とケースの学生が結婚すると言うケースも一，二ありました）。車中のCDでクラシック音楽（シベリウスのヴァイオリン協奏曲？）をかけていましたが，保﨑先生がシベリウスいいですねとおっしゃったのに無礼にも私は勝手に落語のCDに切り替えました。多分私としては「アメリカのクリーブランドでも落語を聴いていますよ」と言いたかったのでしょう。すると保﨑先生は即座に，「出囃子じゃないですか」と反応されました。それを聞き，「ほう，これを出囃子というのか」と改めて認識したということもありました。

　2002年，早稲田一行が秋学期にケース大学を訪問されるようになって間

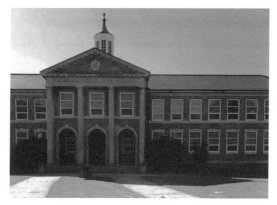

写真1　©Roxboro Middle School
（Roxboro Elementary School はこの建物に隣接している）

写真2　ケース大学全景　©Case Western Reserve University

　もないころ，保﨑先生から，ケース大学の日本語授業の参観だけでなく，近く
の小中学校の授業参観をしたいとの申し出がありました。その結果，確かE教
授の娘さんが通っていた最寄りの小中学校（Roxboro Elementary, Middle
School）を紹介されたのでしょう（写真1），そこを毎年訪問されるようにな
りました。
　学校はケース大学のキャンパスから2，3キロメートルのところにあった
ので，我々教師陣が車で送り迎えをしていたと記憶しています。時には車の
手配が整わず，早稲田一行は徒歩でケース大のキャンパスに帰ってくること
もありましたが，保﨑先生は「何，ちょうどいい散歩道です」とおっしゃっ
ていました。帰り道は，車は頻繁に通りますが谷川に沿ったほぼ下り道で，

木々に囲まれた閑静で美しい歩道です。到着地点にはクリーブランド美術館やクリーブランド・オーケストラの本拠 Severance Hall もあります（写真2）。

　写真2はケース大学全景および大学近接の建物，施設です。写真中央池のほとり（向こう側）の建物（右側にドーム状の屋根）はクリーブランド・オーケストラの本拠地（Severance Hall），その左隣の3階の建物は大学図書館（Kelvin Smith Library）。その少し左奥木々の蔭にかすかに白く見える建物が日本語科のあるギルフォード・ハウス（Guilford House）で，ここで早稲田の学生さんたちが Show & Tell をしたり彼らの歓迎パーティーをしたりしました。写真一番左端（池の左手）の建物はクリーブランド美術館（Cleveland Museum of Art）。写真中央奥（Severance Hall の後方）の建物群は大学病院及び医学部（University Hospital and Medical School）。池の手前の尖塔の建物はメソディスト教会（United Methodist Church）。その後方池の向こうの7階建は College of Arts and Sciences（教養学部）のアドミニストレーション（administration）の建物（Crawford Hall），さらにその右手後方，木立の後ろの建物群は理工学部（かっての Case Institute of Technology）関係の建物。その右手（写真右端，矢印）が，早稲田一行が Roxboro Elementary, Middle School から徒歩で帰ってきたとき最初にケースのキャンパスに入る地点です。

　写真2の中央の池（Wade Lagoon）を囲む閑静優雅な公園（Wade Park）は時折強盗事件が発生するところで，E教授などは「早稲田の学生は昼間でも絶対行ってはいけない」と警告していました。この公園だけでなく，ケース大学のキャンパスあるいはその近辺では，かなり頻繁に強盗事件が発生しています。これはおそらくケース大学に限ったことではなく，アメリカの都市にある大学では同様の犯罪が高い頻度で起きているのだろうと思います。銃社会アメリカの一面です。

　1960年代日本の大学で学生運動が盛んだった頃，大学側の要請でキャンパスに警察（機動隊）が入ると学生運動家たちが「警察帰れ！」のシュプレヒコールをあげていましたが，アメリカは正反対で，ケース大学付属の警察署（Campus Police）があるくらいです。四六時中パトカーがキャンパス及びその周辺を巡回して警備しています。その他にセキュリティー部門というの

があって，夜間駐車場まで我々を車で送ってくれることもします。その他スーパーマーケット，ちょっとした集会，週末に人が集まる市場などでも当たり前のようにパトカーが出て，警官が警備しています。テロや銃乱射事件が多発するアメリカ社会ならではの光景です。ただ早稲田の学生さんたちは，数日の滞在ではなかなかそこまでは体験できなかったであろうと思います。

　Roxboro Elementary, Middle School の訪問を終えた学生さんたちをケースのキャンパスに連れてくる車中で国際関係の時事問題を持ち出し，それとなく「君たちが日本の希望だ」云々と期待を込めて言ったことがありました。しかし，どれほどの効果があったのか不明です。

今，活動を振り返って再評価する

　教育活動では, やりっぱなしの活動は多くの面において問題があります。それは同様のことを次にやるときに, 改善の材料や新しいシステムが脆弱になるからです。さらに, 何か活動を実施して, 短い時間経過の事前と事後を比較しただけでは拾えないものや, 気づけないものがあることは間違いありません。何年か経って異なる立場や視点を獲得してから振り返るという作業も重要です。それは, その個人のなかでの成長, 進歩, 省察のために役立つであろうと思われるからです。せめて, 時の経過という切り口で, 過去の自分が参加した活動を再評価してみることで, 今も継続して行っている仕事や活動（参加者にとっては, 時間が過ぎて初めて, 一つの活動が「経験」となります）の意義と課題をはっきりさせることも可能になります。改善しつつ継続して実施するということの意味がそこにあります。第2部では, 現在あるいはこれから似たような活動をしようとしている方々になにかしらヒントや参考になればという考えのもと, 卒業生から集めた原稿を紹介します。

　39編の経年の振り返りには, どれも興味深い内容が書かれています。ときに薄れがちな記憶に頼って書かれた文章には, 正直な感動, 想い出, 不平, 愚痴, 悔しさ, 省察, 学び, つながりなど実に誠実に書かれています。私の研究室では, 以前読んだ本, 見た映画, かつて訪れた場所など, 時間が経ち, 今一度行ってみるということの重要性についてしばしば話しています。過去の経験, 感性がより明確になり, 一部上書きされることで意味あることになるのだと思います。一度行った場所にもう一度行くよりも, まだ行ったことがない場所に行きたいと思うのも人情ですが, 時が過ぎて, かつて訪れたことがある場所を再び訪れて振り返るのも意義あることです。

　39人の卒業生たちに研修の「振り返り」の原稿を依頼したさい, 次の三つの軸を提示しました。

　1）今振り返ってみて, あの活動にはどのような（無）意味があったのか

　2）何が予想外, 想定内だったのか

　3）後輩への一言

　その回答となる文章の中で, 卒業生たちが共通して語っている部分を抽出した結果, 研修で重要と考えられること, 重要と思われる切り口として, 次の四つの視点を選びました。

① コミュニケーション活動について
② 英語プレゼンテーション活動について
③ 交渉することについて
④ 現在とのつながり，振り返りについて

　これら四つの視点について，以下該当しそうな箇所をいくつか取り上げて研修全体の視点から分析します。卒業生たちによって書かれた原稿には四つの視点以外から書かれた興味深い内容も多々ありましたが，複数の人が共通して触れていたということで上の４項目を選びました。

1　コミュニケーション活動について

　この研修は英語力をつけるために行う研修ではありません。このことは，研修の準備段階から毎年参加学生には，明確に伝えてあります。しかし，英語を学ぶ研修であるという意識は，準備段階から実際に現地に行って活動を始めるまで，どうしてもどこかで持っているようです。実際には，この研修はことばを含む様々な道具，メディア，身体を使って問題解決をする研修です，ということを何度も学生たちに伝えています。

　研修を始めてまだ数年しか経っていなかった初期のころの振り返りでは，言葉の不安に関する記述が目立ちます。Case-1 では，「言葉はツールにすぎない」という言い方で相手とのコミュニケーションが言葉だけではないことを実感しています。続いて，心が通じればなんとかなる（Case-3）と，言葉に関することが書かれています。15 年以上前のことであり，まだ海外に行くということが，旅行を含めて貴重であったころであることがよくわかります。

　それが，研修中期段階（2008 年）ごろになると，「一言でいいから口に出すこと」（Case-5）というような具体的で主体的な行動になっていき，さらに「地元の人しか行かないエリアの会話は，迅速かつ最低限」（Case-7）というような，英語表現の違いに気づいていることがわかります。さらに，やはり研修中期（2010 年）あたりでは，「話す内容，文脈が相手と共有できれば」，「伝えたいという意思があれば」ある程度は伝わるという経験をしたというふうに，言語にとどまらない，内容，方法，精神の重要性に気づいた振り返

りも出ています（Case-12）。中には，この研修では英語力はまったくつかなかったと言い切る人もいます。

　もちろん，引率側としては，できるだけ多くの単語，英語表現，言い回し，若者言葉も知る限りはそれとなく伝えますし，私自身が使っているところを常に見せるようにしています。この見せる，その場にいて経験を共有するというのは，研修当初から現在にいたるまで貫いている精神でもあります。それは，Case-18で，「言葉の壁」「経験の乏しさ」がプレゼンにも影響を与えたということを言っているように，経験知というものは，一人称でなくとも，疑似体験でも，あるいは，参与観察のように寄り添うような場面でも学べると思います。それゆえ，私が行うコミュニケーション活動は，希望する学生にはオープンにしています。

　現地大学での講義を受けるときにも，私はいつでも質問をしますし，学生の存在は無視しています。私が聞きたいから話す，という点は一切妥協しません。学生がわかるかどうかということよりも，私がその講師の先生の講義にコメントしたい，質問したい，こんなことを知っているということを素直に伝えるだけです。その様子を見て，結果として学生が何かに気づいたり，学んだりするのはもちろんよいことですし，学生たちの「自分たちも質問してみたい」という動機付けになることも事実です。

　「興味を持ってもらうために相手に質問する」（Case-19）というコメントは，自分たちのプレゼンでも，講義への参加でも，同じことが言えると思います。また，「どうせ言葉が通じないんだろうな」と思いつつも，一方で「英語を使いながら自らを考え，行動する」（Case-20）ことの重要性を指摘している人もいます。冷静な判断をしていることがわかって興味深いです。短い研修期間ではありますが，密度の濃さはこちらが思う以上のものがあるようで，それゆえに，意見などがぶつかり険悪なムードのなり，それでも2週間程度は，逃げられない，そっぽを向き通せない状況にいる訳です。いろいろな意味で，「なんとかする精神」（Case-25）のようなことを書いている人もいますが，面白い観察だと思います。

　研修前半の研修先が，Case大からOhio Stateに代わってからは，あまり英語のことを振り返るコメントがなくなりました。それは，世の中が海外旅

行ブームになってきた背景もあるのかもしれません。そのような中，たまたまかもしれませんが，自分たちのグループ内でのコミュニケーションを振り返って書く人が何人か出てきているのは，興味深い事実です。活動遂行における相互の母語でのコミュニケーションがぎこちなくなってきている世代ということなのかもしれません。詳しいことはわかりませんが，研修の準備段階でのコミュニケーションの問題については，「自分は（グループのために）なにができるか」よりも，「（この研修，この活動で）自分はどうしたいか」ばかりを考えているメンバー全体の共通点（OSU-1）という分析をしている人の振り返りにははっとしました。こういうことは，研修が始まった初期段階のころには想像もしなかったような内容ですが，指導教員である私には，妙に納得がいくものです。実際のところは，研修を始める前から起きていた問題であって，グループ内で適宜解決していたり，物別れに終わっていたり，気にもならなかったりしていたのかもしれません。

　海外研修などでは，ほぼ必ずと言っていいほど，コミュニケーションギャップ，エゴのぶつかり合いが起こります。ぶつかり合いの初めのうちは，多くが自己主張をする，諦めて黙ることが続きます。しかし，現地では，「本気になら」（OSU-1）ないと乗り切れないという状況の中，指導教員はほとんど助けませんし，予定していた便に乗れなくても，まあ到着すればいいか，と適当に考えていますから，かえって学生は真剣にコミュニケーションをします。その時は，「この人は，自分たちでなんとかしなさいという突き放す人だ」と思われ，結構恨まれます。こういう団体での研修では，好かれようと思ってなにかをすると，結局無理がたたって，逆の方向に向かうことがしばしばあります。トラブルは起きて当たり前だという気持ちでいることも，研修の責任者としては大切なことかもしれません。もちろん，命や取り返しのつかないことの発生までは起こらないように適宜足場がけ程度は心がけますが，学生が警察に行って交渉する程度や，ものを取られる程度は「想定内」です。それが，研修後は「（自分一人で）苦難を乗り越えてみたい」（OSU-5）のようになり，英語は十分に話せる学生が「非言語意思表示の有効性」（OSU-7）に気づくようになります。さらに「めんどうくささに向き合う力」（OSU-10）の重要性を研修で学んだ人もいます。「逃げ出したくなるほど緊張」（OSU-11）

する人がいる一方で，「原因を相手にもとめるのではなく，自分に原因を求める姿勢をもつこと相手の本音を引き出す」（OSU-10）のではないかという自省のコメントを書いている人もいます。

　私たちが行ってきた研修は，各参加者が主体的に，グループ内でコミュニケーションをして，考え合い，行動し，ぶつかり，妥協し，学ぶような活動です。一面，指導教員は，毎年筋書きのないドラマに，通行人Aとして登場しているような感覚があります。ただその通行人は，ときに主役を食い，ときに場面から消え，皆の食事の心配をし，勝手に酔っ払って議論を吹っかけるような存在です。今後この研修がどのような終焉を迎えるのかわかりませんが，経験の蓄積と共有が，参加者間で年次を超えて行われているようなことも意味があるのかもしれません。年に1度，卒業研究発表会を1月末に開くときに，過去のゼミ生全員に声を掛けます。集まることのできる人数は毎年限られていますが，それでも集まったときにこの米国研修の話は出ることがあるようです。どこかに残って，つなげられていればそれはそれで意味があるのかもしれません。そもそも，私たちの研修に参加することで学生たちが得られるものは，効果を検証するという測り方にはほとんど馴染まない性質のものなのだろうと思います。　　　　　　　　　　　　　　【本節　保﨑】

2　英語プレゼンテーション活動について

　研修を振り返る際に，「最も記憶に残っている」（OSU-11），「思わず涙した」（OSU-5）などの言葉で回顧される英語プレゼンテーション活動（以下，英語プレゼン）は，一般的な海外語学研修で用意されているスピーチお披露目会とは大きく異なります。英語プレゼンは，入念な準備を重ね，渡航してからもオーディエンスの反応を反映しながら修正され続けるコミュニケーション実践活動です。このコミュニケーション実践活動について，事前準備，質疑応答，オーディエンスの立場，プレゼン後の交流の四つの視点から分析を試みました。

1　事前準備

　事前準備については，① 日本での事前準備と，② 現地での修正作業に大別することができます。

　① 日本での事前準備では，「どう準備するかを学んだ」（Case-10）や，「準備の重要性を学んだ」（OSU-2）（OSU-10）のように，事前準備そのものについてのコメントが多くみられました。具体的には，「資料・文献リサーチ，インタビュー映像制作，実体験，現地での総選挙」（Case-14），「歴史背景の調査，道具の持参と現地での実演」（Case-19）（Case-23）と，参加学生はたくさんの時間を費やして事前準備を行っています。また，事前準備の大変さや苦悩についても「あれがダメ，これがダメ，途方にくれ，七転八倒」（Case-24），「ボロクソに言われ，夏休み返上で会議。成田空港では，プレゼンに自信がなさすぎて憂鬱だった」（Case-25），「当時を振り返ると異様なほどに準備に時間をかけた」（Case-26）など，赤裸々に語られているのが印象的です。ここまで辛辣なコメントを人生で受けたのは初めてだと言って落ち込む学生もいます。しかしながら，渡航前に終わりの見えない鍛錬があるからこそ，現地で即興性のある対応力が発揮されると言っても過言ではありません。

　② 現地での準備としては，「夜通しスライドをつくり直した」（Case-16），「同じプレゼンでも与えられる時間が変わった」（Case-18），「プレゼン後に振り返りを行いブラッシュアップできた」（Case-19）など，その場その時によって，随時プレゼンを環境に応じて適応させなければならなかったことがうかがえます。Case-27 の言葉からもわかるように「チーム全員がプレゼンを成功させたいという思い」で，学生は現地入りしてからも最後の1分1秒まで，より良いプレゼンを目指し，寝る間も惜しんで修正作業を行います。

2　質疑応答

　事前準備の振り返りに付随して多く記述されていたのが，質疑応答についてです。「ごまかして乗り切った」（Case-8），「答えられず悔しい・恥ずかしい思いもした」（Case-13）（Case-16）など，プレゼンの精度をあげることに必死になるばかりで日本に関する知見が足りず，質問に答えられないこともあります。日本人学習者が母国語ではない言語でプレゼンを行う際に，言語力

が原因で質疑応答ができなかった，ということがしばしば問題としてあげられます。しかしながら，母国語であればそのプレゼンの内容について本当に答えることができたのでしょうか。Case-21では反省を生かし，2回目はオーディエンスに質問することからプレゼンを始めています。そして，その質問に「上手い回答はできなかったが，苦し紛れに"Anyway"と話を変えてしまったことで，笑いが起こり，プレゼンが良い流れになった」と振り返っています。コミュニケーション実践活動を基盤としているプレゼンは，言語能力の優劣だけではなく，トピック自体にどれほど向き合い，準備し，そして，オーディエンスの反応をみて即座に対応できるかが重要であることがわかります。

3　オーディエンスの立場

　学生は，プレゼンのつくり直しを繰り返すうちに，「オーディエンスの立場になって考えること」の重要さに気付き始めます（Case-3）（Case-18）（OSU-11）。OSU-6，OSU-7，OSU-8は共通して，「もう一度プレゼンができるのであれば，オーディエンスを分析し，オーディエンスに沿ったプレゼンにしたい」と語っています。このように，当時の自分を振り返るのではなく，現在の視点から一人称で語られている振り返りはまれです。この3名がともに2016年に渡航したという事実も，なんらかの関連があるのかもしれません。

4　プレゼン後の交流

　英語プレゼン終了後も，現地の学生とのコミュニケーションは続きます。「プレゼンを気に入って，遊びに誘ってくれる学生が現れる」（Case-16）に代表されるように，プレゼンのやりっぱなしではなく，プレゼン自体が相互理解のきっかけになっています。プレゼン後の交流では「感情が相手に伝わる」（Case-8），「身振り手振りで伝えたいという意思」（Case-12）など，言語能力にとらわれず「伝える」ことに焦点が移行していることがわかります。一通りプレゼンを終了した後，学生たちが感じる表現・表出スタイルの違いについては，より詳しい調査が必要です。

5　総　　括

　39編におよぶ経年の振り返りを分類すると，英語プレゼンについては**事前準備**の大切さが語られ，またその時の苦悩について吐露している参加者が多いことがわかりました。事前準備に付随して，英語のカンペを覚えるのではなく**質疑応答**の練習をしておけばよかったと後悔するようなコメントも見受けられました。参加学生は，現地で何度も英語プレゼンを行い，その都度修正を繰り返します。この作業を継続することにより，こなれた英語を使用するのみではなく，プレゼンテーションにおいては，いかに**オーディエンスの立場**になって考えられるかが，大切であるということに気が付きはじめます。**プレゼン後の交流**として英語プレゼンが終了した後も，現地学生と話しをしたり，一緒に夕食に出かけたなどの記述もありました。これは，米国研修があらかじめ用意されている原稿を読み上げるだけのパッケージ化されたプレゼン，換言すると，一方通行のプレゼンではないことを如実に表している例といえるでしょう。そして，プレゼンと日常会話における英語実用の違いとして，非言語行動や，受け手側の印象の違いについて語られており，より複雑な状況の中でコミュニケーション活動を実践している様子が伺えます。

　英語プレゼンには〈即興性〉と〈柔軟な対応力〉が必要であり，それらを培うためには，事前の準備が不可欠であることがわかりました。また，オーディエンスの立場になって物事を考え，判断し，プレゼンを作る重要性についても多くの気づきがありました。プレゼンは熟達度が上がると，プレゼンターの視点がパフォーマー（発信者）からオーディエンス（受信者）へ移行するといわれています。先述した条件が揃うと，プレゼンは単なるアクティビティーを超え，人と人がコミュニケーションをとるように発展します。英語プレゼンは異文化交流における，きっかけに過ぎないかもしれません。しかしながら，この英語プレゼンが，知識の伝達のみではなく，コミュニケーション実践活動を基盤にしているからこそ，今回取り上げた四つの視点が導き出されたのではないでしょうか。　　　　　　　　　　　　【本節　藤城】

3　交渉することについて

「白米食えよ，先生。」（Case-9）は，10年前のタイムカプセルを開いたら現れた貴重な宝物です。私は，代金に見合う品物の提供が間違っていた時に，Noと言える日本人になること，に気付いて欲しかったのですが，どうも私の妥協が不足していたと理解されたようです。このような齟齬は，ほぼ毎年あります。そのような齟齬があったとしても，私としては丁寧に説明することもなく次のことに向かいますし，性格的に大したことではないと思うものですから，この手の摩擦は珍しくありません。これは視点を変えれば，「乗り切れる手段を考えざるを得ない状況で行う様々な挑戦」（Case-8）という言い方にもなり，「negotiateの必要性」（Case-21）や，一方で，様々な交渉ごとにおいては「答えがひとつでない」（Case-22）ことにもなると思います。いまの学生たちは，段取りよくやって，一つひとつを間違いなくこなせば正解に辿り着けるという，私から見ればやや「偏った学び」を中心として生きてきたと思います。そのため，学生たちが交渉ごとを行う場合，結果だけをみれば成功かもしれないが，そのプロセスには納得がいかないと思うことが多々あります。現地校での「Turkey sandwich事件」（OSU-2）では，私も学生から多少学んで，皮肉を言いつつも，パンと七面鳥をもそもそ食べました。

アメリカは文化が異なり，言語，価値観，アプローチが異なる「tossed salad」の国ですから，研修が経過していくと，学生たちはそもそもアメリカ人などという定義そのものが存在しないことに気づきます。このことは，毎晩21時から私の部屋で行う「反省会」「飲み会」「強制ミーティング」でも出ますし，「現地のホテルで激しく口論」（Case-19）ともなります。

そしてそれが，その後の海外留学で「自分で直接交渉」したり（OSU-12），卒業後仕事をしていながら，ひょっとすると職務遂行時などで「なんとかする精神」（Case-25）につながっているというコメントは（そのまま単純につなげられるようなものではないのですが），何かの引っかかり（ゼミでよく言う，hunch）として，研修後の人生におけるその他の経験と相まって，つながりのようなものとして述べている点で興味深いです。

　一方，「交渉体験は自分の学びになっている」（OSU-3）と，今述べれば実に簡単な表現に行き着くまでのエピドード，ドラマもありました。それは研修時に，入国審査が異常に遅く３時間近くかかり，結局予定していた乗り継ぎ便に搭乗できなくなったことでした。私の「じゃあ，目的地に着けるように交渉してきて」という鬼のような一言で，空港カウンターで，数名の女子学生が形相を変えて交渉を続け（させられ）た結果，アトランタ経由ならあるから，と言われたときの経験です。11名という団体での移動が，別便の利用を難しくしていたということでした。この経験で，その後海外でトラブルを解決できたそうですから，それはそれでよかったね，というドラマの続編のような出来事です。

　また，私がコーヒーの購入を頼んだために，パスポートを携帯しないで空港のセキュリティから出てしまった結果，出発ロビーに戻れなくなり，私が空港のアナウンスで呼び出され，最後は私が航空会社に事情を話して，迎えに行ったということもありました。今回，そのようなコメントは書かれていませんでしたが。常に交渉するということの重要性，まずは，自分の状況と要求をしかるべき相手に対し，しかるべき方法で適切に伝えることの重要性は，この研修に限りません。日本国内でも，道に迷ったらスマホにたよるばかりでなく，現地の人に目的地までの行き方を尋ねればよいのです。そのさい，適切な言葉使いと交渉の仕方が重要なことは，言うまでもありません。ましてその交渉が，言葉が不自由な海外だとハードルは当然高くなります。負荷をかけないと力がつかないという面もありますが，泣き出したり，怒ったりすることもこの研修では珍しくありません。

　私が学生と激しく口論したのは，「栓抜きバトル事件」（Case-6, Case-5）です。この出来事（2008）は，「フロント（実際にはレストラン）に栓抜きを借りに行って来て」という学生に対する私の一言から始まりました。学生がレストランに頼みに行くと，レストラン側から「栓抜きを貸すことはできない。ビールを持ってきなさい。そうしたら開けてあげるから」と，ごく想定内の回答が返ってきました。学生から報告を受けた私は，「いや，部屋で使えるようになんとかして来て」と学生に言い，再度レストランとの交渉に行かせたのですが，結果はうまくいきませんでした。とうとう学生は「同じで

す。もうこういう無理な交渉はしたくありません」と文句を言って，私と口論になりました。面白いことに，今は私も学生も口論したことの記憶だけ残っていて，栓抜きを借りることができたかどうかという結果は，記憶から雲散霧消してしまっています。

　交渉ごと，無理難題というのは，実に裏と表の関係です。どちらを見るか，どの視点で考えるか，ということだけだと思います。ちょっと push しすぎたかなという自省は，この事件や他のことでもあります。それは，私に引率指導するという視点がしばしば欠落していることが原因とも思います。自分ならもっとうまい交渉をするぞ，ということの押し付けになっているのかも知れません。一方で，「燕の子安貝」のような難題を突きつけることを正当化する自分もいます。それは，どれだけ修羅場をくぐっているかという経験がのちのち何かの役に立つだろう，という安易とも思える見通しもあります。

　この研修では，無言のメッセージと，激しいメッセージが混在しています。純粋な教育という観点からは，結構な危険を含んでいます。もう少し丁寧に伝えなければ悪印象だけ残ってしまうな，という反省は毎年のようにあります。この研修で常に重要視している，交渉する，相手と取引をするという要素を，「なぜ自分は，学生に嫌われてまでも，恨まれてまでも，そのことにこれだけこだわるのだろう。私自身が振り返って考えると，一つのキーワードの存在に気づきます。それは，「当事者の本気度」（Case-9）だと思います。現代の日本の若者は本気にならなくても，物事を，それが商行為であっても「うまくそつなく」遂行することができます。本気を引きずり出すことを研修の活動のあちこちに，時には意識的に，時には無意識に埋め込んでいます。このことは，「この研修は，20歳前後の我々にとって極めてハードな『状況的学習』の場である」（Case-8）にも触れられているような気がします。

　ゼミに入ってきて，毎年4月から，まず「状況に埋め込まれた学習」（レイブ，ウエンガー：1994）の輪読を2ヶ月近くかけて行います。当然それほどわかりやすい内容でもないので「わからん。わからん。」の連続で2ヶ月が過ぎます。交渉するということは，自分が置かれた状況と目的との間の対話です。学生は，当初は「言語理解」から入りますし，その理解は流石だと思われることもしばしばあります。ただ，それは，「内容理解」にはまだなっ

ていなく，さらに「状況理解」はその先となります。その「状況理解」の具現化としての活動の一つが，この米国研修であることは間違いありません。

　交渉するという行為は，誰にとっても現代日本では非日常ごととなって（しまって）います。これは，日本が豊かになったという経済面からいえば，喜ばしいことなのかもしれません。しかし，バラ売り，買う品物が時価で販売されているのが日常だった時代には，何を買うにも求めるにも交渉はつきものでしたし，大人はあちこちでなんとなく，自然に交渉をしていました。それは，「まけて」という身近な行為でもあり，値付けのような行為であり，時に物々交換でもありました。皆，遊び心をもち，時に本気で交渉をしていました。今の若い人たちには，それが修羅場になり，ハードルが高くなっています。ひねくれ者としては，ちょっと異を唱えたくもあります。その行為をすると，言葉を覚え，場を知り，相手を理解し，コミュニケーションを体得します。まだまだ続けて，嫌われようとほくそ笑んでいます。　　【本節　保﨑】

4　現在とのつながり，振り返りについて

　経年評価として，現時点から研修に参加した当時を振り返るという手法は，海外研修の記録としてはユニークであるといえます。研修が18年継続して行われているということは，18年前を振り返る参加者もいれば，昨年を振り返る参加者もいます。研修に参加した約200名の卒業生たちは，現在，様々な場所で多様な生き方をしています。参加者だった卒業生たちは，それぞれの居場所としている現時点から，当時の研修をどのように振り返っているのでしょうか。以下，振り返りにおける共通性や普遍性，現在とのつながりについてまとめます。

1　現職業とのつながり

　経年評価を実施するにあたり，最も多い記述が現職とのつながりについてでした。参加者は，現時点から当時の研修を振り返ることにより，体験を経験に変え，その経験の意味を捉え直し，最終的に意義を見出します。研修での経験が，職業選択に影響を与えている（Case-7, Case-8, Case-13, Case-17,

Case-22，Case-27）と，振り返る参加者が多いのが特徴的です。具体的には，「英語でコミュニケーションを取る」（Case-2），「コミュニケーションの重要性を再認識することが多い」（OSU-11）など，研修で体得したコミュニケーション方法が現職でも活用されている事例があります。Case-9では，さらに具体的な理不尽さと謝罪の重要性についてエピソードを用いて，現職とのつながりについて振り返っています。また，研修での疑問を突き詰めるために大学院へ進学し，研究を続けた参加者（OSU-1，OSU-3）もいます。

2　海外への興味・留学

　研修への参加を通して「意思疎通ができない不甲斐なさ」（Case-18）を痛感したり，「できない自分」（OSU-4）を認識したり，「情けない思いや悔しさ」（OSU-12）を味わった参加者たちは，その経験をもとに海外留学を決意します。渡航先は，アメリカ，フィリピン，中国，ミャンマー，オーストラリア，デンマークと多岐に渡ります。研修に参加したことにより，「現状のままではいけない」という思いに突き動かされたため，一人で武者修行に出るようです。

　一方で，研修に参加したことによって遠い存在であった海外留学が「手の届きそうな存在」（Case-25）になったり，「モチベーションが沸き」（Case-26）（OSU-5），「ハードルが低く」（OSU-3）なったり，起爆剤となって海外留学に挑戦した学生も多く存在します。

　現地で参加した日本語授業に興味を持ち（OSU-6），現在は海外で教鞭を執っている卒業生もいます。OSU-6は，研修に参加したことが，「日本語教育という世界への扉」であったと振り返り，その後の副専攻選択にも影響を及ぼしていることが伺えます。

　留学時期に着目すると，研修後の翌年や翌々年に留学をしている学生が大多数ですが，「大学院に留学し，そのまま12年に渡ってアメリカに滞在」（Case-1）していたり，「研修の意味に気づくまでに長い年月がかかった」（Case-14）のような記述もあります。

　研修に参加することにより，海外への興味を認識し，行動に起こすまでの期間は十人十色です。卒業生が様々なライフイベントを通して，研修を振り

返り，海外での生活を自身の意思で選択する，その時期に着目して事例を検証できることは，私たちの活動が18年継続している特色の一つと考えられます。

3　人間形成

　現在から過去を振り返ることにより，研修での経験や研修で習得した技術が，自身の人間形成に大きく影響していたとコメントしている卒業生もいます。「自信がなくても自分の意見を伝えること，意見を受け止めることの大切さを学んだ」(Case-5)，「物事を多角的にみる力の習得」(Case-16)には，研修を通しての気づきや研修で習得した力が，現在の生活にも生きているという記述がありました。「チーム全体のパフォーマンスを上げるためには自分はどうすべきかを常に考える」(Case-15)，「相手が何を知りたいかを調べる，伝える内容を自分が一番理解する」(Case-19)，「意見をすり合わせる能力や，チームをまとめる能力」(Case-20)。これらの記述は，研修で得た能力や，考え方，物事の捉え方が，現在の仕事にも通じていることの良い例になっています。この3名に共通しているのは，当時は気がつかなかったが，過去の振り返りを行うことにより改めて認識できた現在の技量について書かれていることです。社会に出て経験を積んだからこその知見なのか，追考したことによる気づきなのか，それともそれ以外のかたちのない「何か」(Case-21)なのかはわかりかねますが，以上のことから，研修への参加が人間形成の一部分に影響していることがわかります。

　研修の良い面ばかりではない部分に焦点が当てられている振り返りは，経年評価としては珍しいことです。なぜならば，人は経験学習下のサイクルで，過去の経験に意味づけを行う生き物であるからです。OSU-9は，3年前の研修を「研修に主体性を持って参加できていなかった」「ただ参加するだけでは成長につながらなかった」「主体性を持って研修に臨むべきだったと後悔している」と振り返っています。「面倒臭さに向き合う力」というタイトルをつけたOSU-10の振り返りからも，この研修は必ずしも全てが良い思い出として片付けられていないことがわかります。このOSU-9，OSU-10が，ポジティブなことだけではなく自身の反省についても多く記述しているの

は，参加から振り返りまでの年月が短いことが関係しているのかもしれません。10年後，30年後，この二人が研修を改めて振り返り，現在とは違う視点で描かれるのだとしたら，経年評価にはライフイベントや考え方の変容が大きく影響していることになります。この年月による評価の着眼点の違いについては，まだまだ探求の余地がありそうです。

4　総　　括

「今振り返って研修はどうだったのか」という斬新な切り口で，経年評価を行なったことにより，参加者は，まず**現職業とのつながり**を見出す傾向があることがわかりました。また，参加当時の経験が**海外への興味**につながり，**留学**を決意した者が多いことが，米国研修への参加者の特徴としてあげられます。留学期間や渡航時期については，参加者同士に共通性がないことも明らかになりました。これは，18年間継続して研修を行っているからこそ見えてきた新たな視座であるといえます。そして，現時点から研修を振り返ると，研修での経験や研修で得たものが現在の**人間形成**に大きく影響を与えているとの記述もありました。振り返りを行う際の着眼点の違いや，人称（主観的視点/客観的視点）の違いなどに代表される差異は，ライフイベントによる考え方の変容や，経年評価の年月の違いが影響しているかもしれません。この仮説については，今後もより詳しい調査を行っていくことが必要です。

【本節　藤城】

研修を振り返って──卒業生 39 人の報告

　以下は，過去私たちの研修に参加した卒業生たちによる振り返りの報告です。そ
れぞれタイトルのあと，研修参加年，研修先（Case：ケース大学，OSU：オハイ
オ州立大学），名前，そして本文と続きます。

外の世界に再び出るきっかけ

2002 年(Case-1)　斎藤 隆枝

1)　今振り返ってみて，あの活動にはどのような（無）意味があったのか

　私が参加した第 1 回米国研修が開催されたのは，2002 年 2 月でした。つま
り，米国同時多発テロのわずか 5 か月後のことです。テロ発生時，私は語学研
修のために NY にほど近いカナダのトロントに滞在していました。街中が悲
しみに暮れ，デマが飛び交い，警察による厳戒態勢が敷かれる中，限られた語
学力で過ごした帰国までの時間はとても心細いものでした。NY に旅行で出か
けた友人は半日違いでテロを逃れ，日常というものの儚さを実感しました。

　そのためか，2 月の米国研修には「無事に帰ってこられない可能性がある」
という覚悟のような，それでも「半年以上かけて準備した研修を諦めたら一生
後悔する」という使命感のような，複雑な気持ちで旅立ちました。今では大げ
さに聞こえて恥ずかしい限りですが，当時 20 歳の私にとっては大きな決断で
した。おそらく，「再び挑戦するなら今，行かなくては」という半ば義務感の
ようなものを自分に課していた米国研修がなければ，私はあのテロの影響を経
験した後で再び海外に出る気持ちにはならなかったかもしれません。とすれば，
大学院に留学することも，そのまま 12 年に渡ってアメリカに住むことも，そし
て今の仕事に就くこともあり得ませんでした。私にとって米国研修は，新たな
ことに挑戦し続けるきっかけになったのは間違いありません。

2)　何が予想外で，何が想定内だったのか

　最も予想外だったことは，ケース・ウエスタン・リザーブ大学（CWRU）で日
本語を学ぶ学生の大歓迎を受けたことです。オハイオ州にある理系大学でなぜ

日本語を学ぶ学生がいるのか？　という疑問を持ちながらの訪問でしたが，日本語の習熟度に関わらず積極的に話しかけ，気遣ってくれる彼らの対応に心底驚きました。コミュニケーションで大切なことは伝え合う内容であり，言語はそのツールにすぎないということに気付くきっかけとなりました。今でもCWRUの彼らと家族ぐるみの親交が続いていることを考えると，言語の壁というものは存在しないと思っています。それに比べれば，クリーブランドで宿泊したホテルは幽霊が出そうなくらい古い建物だったことも，先生が国際免許証の入った財布を日本に置き忘れてきたことも，ボストンで食べたロブスターを溶かしバターにディップして食べたことも（ポン酢の方が合うのに，と今でも思っています），日本食が恋しくて注文したラーメンの汁が甘くてトッピングにキュウリが乗っていたことも，全くの想定内と言えるでしょう。

3)　後輩への一言

「色々な経験が自分にとって意味を成してくるのはかなり先のこと」と保﨑先生はよくおっしゃっていましたが，私は40歳を目前にこれまでの経験が少しずつつながってきたと実感することが増えてきました。この研修が皆さんにとってどのような意味をなすか否かがわかるのはもう少し先になると思います。ですが今，たくさん苦しんで，泣いて，笑って，充実した濃い時間を送ることは，必ず後からじわじわと効いてきます。期待していてください。

最高の手土産となった『無力感』

2002年(Case-2)　乾　博昭

1)　今振り返ってみて，あの活動にはどのような（無）意味があったのか

海外経験がほぼゼロだった自分には，未経験の連続でした。発表の際も原稿を読むのに精一杯で，現地の学生との質疑対応やその後の交流でもとにかく苦労しました。そんな中，インドネシアからの留学生と仲良くなれたのは良い経験でした。お互いに好きな海外サッカーの話で，冗談を言い合えるほどに盛り上がったのです。それがきっかけで他の人とも少しずつ会話できるようになり，ささやかな成長を実感できました。

　ボストンでの自由時間では街中で英語を使う経験もいくらかできましたが，それでも皆におんぶに抱っこの時間が多かったです。旅行を楽しむことはできても，仲間に貢献することはほとんどできませんでした。しかし今思えばその経験自体がとても有意義でした。英語スキル自体は当時とさほど変わってはいないはずですが，15 年ほど経った今では，海外でも物怖じせず英語でコミュニケーションをとったり，同行者を引っ張っていくことができるようになりました。今もまだ，あの時頼り切っていた仲間たちの姿を追いかける自分がいます。少なくとも自分にとっては，成長の機会となったあの研修に心から感謝しています。

2)　何が予想外で，何が想定内だったのか

- 期間中，突然親知らずが痛み，食事や会話の度に激痛が走るようになってしまいました。現地の方に診てもらう時間をとらせたり，仲間にも迷惑をかけてしまいました（ロブスターもほとんど食べられませんでした）。

- 食生活が合わないと感じました。ホテルの朝食は主にパン食でしたが，塩気のあるメニューがほとんどなく，幻滅しました。

- 事前にある程度聞いてはいましたが，飛行機や電車などが予定通りに運行されないことが多く，足止めや計画変更を余儀なくされる場面に何度か遭遇しました。特に航空券やホテルなど，事前に予約しているものが急遽変更になるなどの重要な情報は，旅先で自ら確認したり，時に相手方と交渉しないと取り返しのつかないことになってしまうと感じました（当然英語で会話しなくてはならないので，最低限の英会話力は必須）。

- アメフト観戦に行ったところ，雰囲気は楽しめたのですが試合内容が全然わからず，事前にルールを勉強しておくべきでした。

- 旅行先・見学先などのことは出発前に調べておくと，現地での体験をもっと楽しめると思いました。

　このように昔を振り返るきっかけを与えられ，今回ある意味初めて意識することができました。研修は楽しかったのですが，己の無力さを痛感したあの旅。ただ一つ確かなことは，あの経験・悔しさが色々な力に変わっていたということ。旅をやり直すことはできませんが，あの時悔しい思いができて本当に良かったと思っています。

3)　後輩への一言

　喜び，後悔，怒り，悲しみ，何でもいいので，この活動で自分が感じたことを，全力で感じると良いと思います。

　後から振り返ってみてわかることもあると思いますが，まずは全力でやってみること。力を出せばそれだけの発見や学び・成長が，きっと実感できる日がくると思います。今の自分を変えてくれる体験や学びがきっと得られる，またとない機会になるはずです。

トライ＆エラー＆トライの学び

2003年（Case-3）　菅　勇希

1)　今振り返ってみて，あの活動にはどのような（無）意味があったのか

　「海外の学生と交流する」。これは当時の自分にとってとてもチャレンジングなことだったのを覚えています。私たちのグループでは「千と千尋の神隠し」から，日本人や日本文化を紹介することとしました。当時はかれらに喜んでもらえるにはどうしたらいいのか，とにかく悩みましたが，映像をみせながら聴衆に問いかけるプレゼンテーション方式をとりました。この戦略が功を奏して，当日の発表の反応はとても良く，自信を得られました。

　事前に二人のメールパートナーが振り分けられ，渡米前に，自己紹介や自分が何を学んでいるのかなどをメールでやりとりしました。Case大学で初めて対面した時，私に語学力があまりなかったのでうまくは話せませんでしたが，それでも顔の表情や体の動作，いざとなれば日本語も交えて何とかコミュニケーションをとった結果，かれらととても仲良くなれたことも大きな自信となりました。また，世界はつながっているんだ，ということを体感できました。

　頑張れたのは，相手を満足させたいという「思い」があったからであり，また，日本の，早稲田の学生であることの「意地」もあったからだと思います。

2)　何が予想外で，何が想定内だったのか

　国や言語，文化は違えど，嬉しい時の表情・仕草，なんか違うな，納得できないなという時の表情・動作にそれほど大きな違いはありませんでした。渡米前は言葉が通じなくても心が通じればそれでなんとかなる，という願望がありましたが，アメリカでの研修を通じて，実際その通りであることを実感しました。

　予想外に嬉しかったのは，交流した学生の方が私たちに会うことを想像以上にとても楽しみにしてくれていたことでした。

3)　後輩への一言

　「将来のためになることを…」「自分にとって意味があることを…」，というような，物事を取組むときに自分の価値観で考え動くことはもちろん大事なことです。しかしながら，学生時代は自分で理屈を作る前に，まずは取り組んでみること，「目の前」のことに全力で取り組む，ということも大切だと言いたいです。自分で考えることは大事ですが，それにより機会を潰していることもあります。答えのわかる，予想されることばかりに取り組んでいては，成長はないでしょう。答えのわからないことに取り組むのは怖いですが，うまくいった時の嬉しさには計り知れないものがあります。「こんなことをしても，自分には意味がない」などとすぐ決めつけてやらないことは，絶対にしないほうがいいでしょう。

　たとえ人からするように言われたことであっても，それを意味のあることにするのは自分自身です。とにかく目の前のことを全力で取り組めば，それが積み重なって誰かのためになり，いつか自分にも返ってきます。そうやって自分がつくられていくのだと思います。

想定外だらけの海外へ飛び込んだ経験から

2005年(Case-4)　恩田 一輝

1)　今振り返ってみて，あの活動にはどのような（無）意味があったのか

　自分にとって米国研修の意味は大きく2点あると感じます。

　1点目は，自分が「これが全てだ」と思っていた価値観や常識を超えて，もっと外の世界があることに実体験を通して初めて気付いた点です。社会人になりダイバーシティーを意識する機会が増えましたが，そもそも自分には未知の世界があるということを時々思い返すようにしています。

　2点目は，事前準備の航空券予約にしても，一つの目的地に対して複数のルートがあり，値段，時間，乗り継ぎなど，常に最適な選択を迫られた点です。ど

のような情報が足りないのか，その状況に置かれないと真剣に考えないものです。また，高校生までの修学旅行と違い，自由を与えられるということは自分で責任を取ることとイコールだと痛感しました。特に海外旅行はある意味で命懸けです。できるだけ安全なルートを求めてみんなで議論した経験はその後の人生の糧になったと，いま振り返れば思います。

2) 何が予想外で，何が想定内だったのか

　ニューヨークでの自由行動中，英語での現地半日観光ツアーに参加しました。その際，自由の女神があるリバティー島に到着した所で，ガイドとはぐれてしまいました。島中を探してもガイドがみつかりません。実は私たちが島を探し回っている間に，ツアーは次の目的地に進んでしまっていたのでした。「ツアー参加者の点呼を取らずに次の目的地に進む」ということは，日本人の感覚としては予想外でした。相当焦りましたが，ツアー会社に電話し，拙い英語で何とか行先の固有名詞だけを聞き取り，先回りして合流する事ができました。行程表をバスに置いていかず，持ち歩いていたことが幸いしました。その後はずっとガイドから離れず，私たちを置いていかないように頼み込んだのは言うまでもありません。転ばぬ先の杖として海外向け携帯電話をレンタルしていたことも，役立ちました。

3) 後輩への一言

　大学生のうちに土地も文化も異なる海外へ飛び込む経験は，この上なく貴重だと思います。日本では迷子になったとしても，家に帰れなくなるかもしれないというまでの状況はなかなかありません。安全に帰るためには，インターネットなどで何となく知っている知識であっても，実際の行程に合わせて具体的に調べ，トラブルを仮定した第2案を用意する必要があります。また，「ツアーではぐれないことも自己責任」といった，現地の文化も含めて理解することが大切だと思います。ただし，あらゆるリスクを想定するのは現実的には困難ですので，携帯電話のレンタルなど，広く多くの手段を持つことがいざという時に役立ちます。

　最後に，私は研修中に失敗する度に落ち込み，焦っていたのですが，次第に「最終的な目的地に辿り着ければよい」と，楽に考えるようになりました。そのおかげで，研修後半は旅を楽しむ余裕ができました。変化の激しいこの時代，多少失敗しても立ち止まらない心の持ちようが社会に出てからも重要だと感じています。

自分から動くことの大切さ

2008年(Case-5)　栗山 麻未

1)　今振り返ってみて，あの活動にはどのような（無）意味があったのか

ネゴシエーションの入り口を学んだ研修でした。

保﨑先生は「聞いてきなさい，話しかけてみなさい，交渉してみなさい」と
よく言っていました。記憶に残っているのは，ホテルの1室に皆で集まってい
たときのことです。栓抜きが必要になりフロントに借りに行くと，「使ったら
すぐに返してほしい」とのこと。私たちは納得し栓抜きを返そうとしたとこ
ろ，先生は「ずっと部屋で使えるよう，ホテルと"交渉"してきなさい」と言
いました。今考えると，あれもネゴシエーションの練習だったのでしょう。他に
も，私たちがまぁいいかと済ませようとすることも，一度聞いてこいと送り出
されていた気がします。

自分がやりたいことをするためには，まず自分がどうしたいのかを相手に伝
えることが重要です。私自身，わかってはいても，面倒臭かったり，相手が嫌
な反応をすることを気にして諦めてしまうことがありました。でも，まずは一
言でいいから口に出すこと。それだけで何かが動き出すかもしれないというこ
とを，研修を通じて感じることができました。

2)　何が予想外で，何が想定内だったのか

研修のスタイル自体が予想外でした。ゼミ研修はスケジュールがしっかり組
まれていて皆一緒に行動するものと思っていましたが，実際には前後に違う地
域や国に行くのもいいし，研修中の自由時間も多くありました。

現地の大学でのプレゼンテーションや日本の文化を紹介するイベントを開く
など，事前に準備をしたものもありましたが，自由時間は，人によって違う場
所に行き，朝と夜だけ集まって報告し合うというやり方。先生はいくつか候補
を出してくれましたが，どこで何をするかを決めるのは私たちでした。海外で
一人行動することが得意ではなかった私も，行きたかった博物館で一人で館内
を回ることができ，いい経験ができました。

ただ，ある日先生がおすすめしたプリマスに行きたいという人がいないとい
う理由で先生が不機嫌になったのは，本当に想定外でした。最終的に，私を含

めた数名が喜んで行かせていただきました。

3)　後輩への一言

　今しかできないことをたくさんやってください。社会人になると，仕事や家の都合で時間を作ることは難しくなっていきます。それは周りの仲間も同じです。だからこそ，今の仲間とできることはやってほしいと思います。

　また，保﨑先生は無茶ぶりも多いですが，教授と学生という立場よりも一人の人間対人間としてぶつかってくれる先生だと思っています。保﨑先生もゼミ生も誰もが私の言うことを全て受け止めてくれます。その上でそれぞれの考えをしっかり伝えてくれます。自信がなくても自分の意見を伝えること，どんな内容でも自分への意見を受け止めることの大切さを学んだのは，保﨑ゼミの活動を通してでした。ここでのやりとりはきっと，これから社会人になり独り立ちしていくうえで貴重な財産になると思います。

アメリカ研修は，実益よりも実りの旅

2008 年(Case-6)　高原 夏希

1)　今振り返ってみて，あの活動にはどのような（無）意味があったのか

　海外って意外と身近！と思えたのは，アメリカ研修があったからだと思います。アメリカ研修は，「英語プレゼンテーション」の準備だけでなく，出発して帰ってくるまでの旅程も，ほぼ自分たちで準備するのです。飛行機のチケットやホテルを人数分予約したり，移動手段を考えたり…。英語が堪能なメンバーもいたので，それなりにスムーズに進みましたが，親同伴の海外旅行にしか行ったことがなかった私にとっては，それでもとても刺激的でした。準備段階で，なんだか急に世界が近くなった気がした私は，研修後にそのままカナダ旅行へ出かけ，初めてのひとり海外旅行を経験。アメリカ研修を含めて，「やればできるじゃん！」を実感する，とても有意義な 21 歳の夏を過ごしました。

　いま，普段の生活で英語なんてまるで使わないし，育児と仕事に追われてグローバルのグの字もない毎日ですが，いつか海外で生活してみたいという思いは，常に頭から離れずにいます。日本でやっていることを，カタコトの英語

でやるだけで一人でも海外で過ごせるんだと実感できたことは，その後の私にとって意味があったことだと思います。

2)　何が予想外で，何が想定内だったのか

ほとんどのビールがビンで売られているのに，ホテルの部屋には栓抜きがありませんでした。栓抜きを借りるために，ホテルのカウンターにいくと，「栓抜きは一つしかないから，使ったらすぐに返して」と言われ，それを保﨑先生に伝えると「ずっと部屋に置いておけるように交渉してこい！」と negotiation を強制されました。「それって，ただのわがままですよね？」と先生に確認するも，「いや，交渉だ！」だと…。この栓抜きにまつわる先生との一連のやりとりは，8期生のアメリカ研修のハイライトとなる大げんかに発展しました。けんかの印象が強すぎて，栓抜き問題をどのように解決したのか，誰も覚えていません。

3)　後輩への一言

アメリカの大きくて綺麗で，施設の整った大学をみて，皆さんはどう感じた（感じる）でしょうか。11年前の私のブログには，「アメリカの大学って広くて綺麗でいいな。私も分厚い教科書を持ってスタバで勉強したい。皆さん勉強熱心」と書かれていました。ケース大学の後に行ったボストンについても，歴史ある街の美しさや，ボストンコモンズの自由な雰囲気に魅力を感じたという文章が残っていました。それでも，私はケース大学に留学をすることなく，ボストンで働くこともなく，今に至ります。様々な選択をしての今ですが，それでも「あのとき別の環境に飛び込んでいたら…」と思うことがたまにあります。ちょっとでも「いいな」と思ったことや場所には，ぜひ積極的に取り組んで，行って，色々な体験をしてみて！　と僭越ながら皆さんにアドバイスしたいです。大学生は，大学生なりに様々なことに悩み，世界を憂いたりして忙しいと思いますが，ぜひ，挑戦を。

現地に入り込む楽しさ，奥深さ，そして大切さ

2008 年（Case-7）　西村 怜央

1)　今振り返ってみて，あの活動にはどのような（無）意味があったのか

　参加して 10 年程経ちますが，研修は意味があったと思います。この研修で得たのは，海外での活動に対する度胸がついたことです。

　このアメリカ研修では現地で日本語を学ぶ学生に対して，日本の文化を英語でプレゼンテーションするという課題がありました。その経験によって度胸がついて，「海外」「グローバル」に対する抵抗感がなくなりました。社会人になってもその度胸が実際生きています。現地企業へのプレゼンテーションを伴うグローバル研修に自ら手を挙げて参加をしたり，システム開発プロジェクトで海外の開発を委託するという選択肢も取ったりと，仕事の幅が広がりました。実際に今はベトナムの開発チームをマネジメントしています。そういう意味では，私にとってアメリカ研修は仕事の選択肢を与えてくれた意義ある研修だったと考えています。

2)　何が予想外で，何が想定内だったのか

　想定外だったのは，観光地ではない場所で話される言葉は思った以上に聞き取れないということです。それは保﨑先生にボストン郊外のショッピングモールに連れて行ってもらった時の話です。そこで各自昼食を取ることになり，私はフードコート内の中華料理店を選択しました。そのお店は 1 品メインのおかずを選択して，ご飯を詰めてもらうシステム。メインの酢豚を無事にチョイスし，さてお会計と思ったその瞬間。「ライライ？」明らかに疑問形で聞かれていましたが，さっぱりわかりません。もう一度聞き返してみても，「ライライ？」と繰り返すばかり。困った自分は食品の入ったショーケースの目をやりました。そこにはチャーハンと白米のトレー。その瞬間，全ての謎が解けました。

　そのお店はチャーハン（Fried Rice）か白米（White Rice）を選択できるサービスでした。ライライは Fried Rice の F がほとんど発音されておらず，「チャーハンにするよね？」と質問されていたようです。その時感じたのは普段日本で聞くネイティブ英語は，ある程度カスタマイズされているということです。やはり地元の人しか行かないエリアの会話は，迅速かつ最低限であることを痛感

した，想定外の出来事でした。

3）　後輩への一言

　やはり海外の人とコミュニケーションを円滑にするには，相手の文化や生活を知ること，つまり，その国や地域の「内輪ネタ」が大変重要だと思います。現在の海外の開発チームとの仕事でも，相手の文化はもちろん「内輪」を知ることを意識しています。実際に海外メンバーとの1回目の打ち合わせはその人の住んでいる地域，街をGoogleマップで一緒に調べて，それを見ながら会話して関係の醸成に努めています。アメリカ研修がなければ，この大事な要素に気づくことはありませんでした。

　非常にローカルな場所に行く研修ですので，後輩の皆さんには「現地の人の『日常』を知る」ということを体感し，その大切さを感じ取ってもらいたいと思います。

私を資本市場へ向かわせたアメリカ研修

2009年(Case-8)　西沢　匠

1）　今振り返ってみて，あの活動にはどのような（無）意味があったのか

　アメリカ研修は人生で初めて自分自身と本気で向き合う経験でした。これは"文化も人種も全く違う他者とのコミュニケーション"にどっぷり浸かることによって，自分自身を客観視させられたという意味合いによるものです。旅行などと違って，この研修は20歳前後の我々にとって極めてハードな「状況的学習」の場なのでした。

　例えば，現地学生の前でのプレゼンテーションは極めてオーディエンスとのコンセンサスが取りにくいのです。質問もズバズバ飛んでくる。「Good question!」と言ってごまかして乗り切った記憶があります。また，教授は街なかでの生活でも「交渉してこい」と無理難題を押し付けてきます。もちろん我々の学習のためなのですが，ぬるま湯に浸かっている学生にとっては極めて困難でした。

　これらの経験を通じて，自分がとても弱い存在だと思い知りました。また，視野の狭さを思い知ったことで，もっと自由に物事を考えようと思うきっかけ

になりました。

　当時，就職活動を控え自己理解に苦しんでいたのですが，弱さや不勉強さを思い知ったこの経験によって，大きな一歩を踏み出せました。自分を鍛えながら，レバレッジを効かせて社会をエンパワーメントしたいと思いました。だから証券会社へ進むという選択をしました。より良い世の中の実現を求めて，期待値の高いところに資本が集まる世界。ここで活躍するということは，世の中の進歩を相当に促進することだと考えました。

　アメリカ研修に参加していなければこの選択はしなかったでしょうし，今の自分はなかったと考えています。

2)　何が予想外で，何が想定内だったのか

　① 予想外だったこと…人生で初めて差別を受けました。これは想像を超える経験でした。一方，そのような状況下で危機回避できたことも予想外でした。乗り切る手段を「考えざるを得ない」状況になると様々な挑戦を行っている自分に気がつきました。

　② 想定内だったこと…友人を作れたこと。現地で知り合った人もそうでしたし，一緒に経験を積んだ仲間たちもそうです。

　③ 問題をどのように解決したか…非言語（身振りや手振り，表情，声のトーンや大きさ，使える限りの様々な手段）を用いて感情を表現しました。感情が相手に伝わることでコミュニケーションは成り立つと知りました。また，言語表現においては「簡単な単語や表現」で伝える工夫をしていたと思います。即時対応にはそちらのほうが効率がよいでしょう。

3)　後輩への一言

　この経験が将来の糧になっていると教えたいです。仕事は常にサバイバルなので事前演習と思うと良いでしょう。どうか旅行程度に思わず，自分に厳しく，負荷をかけながら目の前の状況を乗り切ってほしいと思います。

　一方，共に苦労した仲間も現地で知り合った人も，一生の友人になりうる可能性がすごく高いです。素敵な体験なので，今後もつなげていってください。

理不尽と狂気

2009 年(Case-9)　藤 得 晃 博

1)　今振り返ってみて，あの活動にはどのような（無）意味があったのか

「僕はチャーハンじゃないと食べない事件」が思い出されます。

女性陣が激怒しながら，言います。「いい大人が！　何でもいいから食えや!!」

ボストンで買い出しに行った女性陣は，中華料理屋に向かいます。保﨑先生はチャーハンをリクエスト。一生懸命，英語で fried rice と注文。出てきたのはwhite rice。白米です。店内が混雑していたため，そのまま先生に差し出したところ，「僕はチャーハンじゃないと食べないよ，買い直してきて」女性陣，激怒。後にこのエピソードについて先生に聞いたことがあります。すると先生は，「社会は理不尽なことだらけ。上司の要求でこういうのは日常茶飯事だよ」。

社会に出て，10 年が経ちます。先生の言う理不尽な上司はいます。

でもやはり思います。白米食えよ，先生。やはり，無意味だったかもしれません。

2)　何が予想外で，何が想定内だったのか

先生が留学時代にお世話になっていた斎藤先生のアテンドでシーフードレストランに行きました。

興奮で僕らはソワソワしていました。注文後に，僕らはシェアしやすい席になるように席替えをします。

すると，斎藤先生。「勝手に席替えするなんて，非常識だ！　ウェイトレスさんが混乱するだろ！　ふざけるな！」会って数分の大人に激怒され僕らは困惑しました。一番激怒していた女性の一人が机を叩き，こう叫びます。「さっきから私に言ってますけど，私，席変わってませんから！」地獄の空気です。席替えに激怒する男性。激怒される筋合いがないと激怒する女性。楽しいはずのロブスター会食は最悪のスタートです。ロブスターが運ばれ，まっさきに保﨑先生がとります。先生はおもむろにロブスターのはさみをちぎり，鼻にそのはさみをあて，「イェーイ，写真撮ってー」。

その写真によって場の空気は一気に変わった…ということはありませんでした。地獄で葬式が始まったような冷めきった空気が流れます。

　次の夜，斎藤先生は謝罪されました。いきなり怒鳴りつけてすまなかった，と。

　どう考えても僕らの行動が悪かったのですが，先生と学生という立場に関係なく謝っていただけたことは，今でも忘れません。自分も社会人になったいま振り返って，謝まるべき時はきちんと謝ることができないとダメだと改めて思います。

　しかしあのロブスターを鼻につっこんだ写真。あれはきつかったです。先生。

3)　後輩への一言

　保﨑ゼミでの活動は当事者の「本気度」がすべてです。

　アメリカ研修についても，どれだけ日本で本気で準備しているか，それによって現地で味わえる達成感や悔しさ，発見，それらがすべて比例してきます。

　あとは，ゼミが終わったら飲みに行きましょう。毎週同じ話をするもよし，熱く将来について語るもよし，恋愛相談をしてもいいです。僕たち9期生は毎週ゼミが終わるとお好み焼き屋さんで安い酒を飲んだものです。一緒に飲んだ仲間とは，今でも連絡をとりあってつながっています。

　保﨑ゼミに入って良かったと思えるかどうかは本気度によるので，学びも遊びも飲みも本気で取り組んでもらいたいと願います。

異文化交流を超えた学び

2010年(Case-10)　新井　里那

1)　今振り返ってみて，あの活動にはどのような（無）意味があったのか

　異文化の学習や交流というテーマよりも，プレゼンスキルの向上や人対人のふるまい方を学ぶ場という意味合いが強かったように考えます。

　まずプレゼンについては，学内・国内で行うときよりも制限される要素が多い中でどう準備するのかという部分を学びました。日本語であればその場の状況を見て言い方を変えることができますが，英語が流暢でない学生にはそれができないため，あらかじめ無駄のない（もしくは複数パターンの）発表を考えておかなくてはならず，準備に時間がかかりました。また，当日使用する機器を練習で使うことができないため，極力環境に依存しない資料作りが求められ

ました。これはおそらく学内・国内のプレゼンだけではここまで深く考えることがなかった部分であると思います。

　次に人対人のふるまい方という点において，各人の考え方の差というものをよく考える機会となりました。たとえば訪問先の大学の関係者が好意をもって予定外に提案してくれたイベント（私が参加した際には近隣の美術館訪問や食事会など）に対し，せっかくだから参加すべきだと考える人と，予定していたことを行うべきだと考える人とで反応が分かれたように記憶しています。これ以外にもいろいろな場面で考え方が分かれ，自然と二つのグループで行動するシーンが数多くありました。どちらが良い・悪いというわけではなく，海外研修中という普段とは異なる環境であったことで，各人の考え方が行動に強く反映されたのではないかと思います。

2)　何が予想外で，何が想定内だったのか

　訪問先の学生と話すと，必ずと言っていいほど，まず専攻を尋ねられました。日本の，特に文系学部の学生においては，自信をもって自らの専攻を話せる者は少ないという感覚があります。こうした自分の専攻に関するアメリカの学生との感覚差は予想外でした。

3)　後輩への一言

　研修準備期間や実際のプレゼンでは何かとストレスも多くなりがちだと思いますが，そこで準備の大切さや大変さを学んでおくことは，卒研発表会やその先の社会人生活にも大きく役立つスキルにつながると思います。学生時代の専攻が直接的に仕事に生かせないとしても，「伝える」ことはどの仕事でも使うスキルです。そこを磨く意識で研修に参加すれば，より実りの多いものになるでしょう。

　また，「研修」という単語にとらわれすぎずに，ある程度自分のやりたいようにやるということも大切だと思います。当然ながらやるべきことはきちんとやった上での話になりますが，研修の思い出はおそらくずっと残るので，その時により多くの経験が思い出せるような時間になればよいと感じます。

　最後に，研修中は同期内で多少の不和が起こる可能性が高いと思いますが，それを無視しないことが最終的な関係性につながるでしょう。私たちの期がたまたまそうだったのかもしれませんが，研修に行く前よりも行った後の方が，互いの人となりや考え方を尊重した付き合い方ができるようになったと思います。

アメリカ研修振り返り

2010 年（Case-11）　清水 愛子

1)　今振り返ってみて，あの活動にはどのような（無）意味があったのか

　アメリカ研修は「必死だった」の一言に尽きます。私自身は海外に行くことも，アメリカに行くことも初めてではなかったので，海外に対して抵抗があったわけではありませんでした。しかしそれまでと違って，「保護者」やなんでも問題を解決してくれる「引率者」がいない，自分たちでなんとかしなくてはならないという状況は，研修独特の緊張感や空気感を生み出していたように感じます。

　異国の地に行くことは，自分にとってアウェーの場所に行くということです。自分のホーム（日本）では当然のことがそうでなかったり，予想していなかったことが起こったりします。今のようにインターネット環境が整っていればなんともないことでも，当時はそうした環境もなく大変でした。だからこそ，いろいろな問題が降りかかる中で，それぞれが団体行動の縛りにフラストレーションを抱えながらも，一緒にいるゼミ生でなんとかしなくては，という運命共同体のような連帯感が生まれたのだと思います。

　卒業して8年経つ今でも，状況や環境は変わりましたが，あの濃密な約2週間を過ごしたことが今もつながる関係を作っています。そのことを考えると，感謝の気持ちしかありません。

2)　何が予想外で，何が想定内だったのか

　実際のアメリカ研修，特に現地の大学生との交流は非常に楽しいものでした。片言のコミュニケーションがやっとだった私にとっては予想外なことでした。国や言葉を超えて人間関係を築くことを希望していましたが，それが実現するとは思いませんでした。

　一方，アメリカの文化自体はそんなに私にとって物珍しいものではありませんでした。海外にいる時に感じる日本と違う空気感は，何回訪れてももちろん刺激的です。しかし，高校生の時にニューヨークに2週間短期留学していた際，国連で働いていた引率の先生から，アメリカの歴史や国民性などをみっちり教えていただいていましたので，その点については答え合わせのような，記憶を

辿るような，想定内のことが多かったです。

3)　後輩への一言

　今は海外に行くことは本当に簡単になったと思います。ただの旅行であれば，そんなに難しいこともないでしょう。

　しかし，海外でしか経験できないことがあると個人的には思います。海外という非日常の世界では，一歩先のこともまったく想像できません。混乱することも，戸惑うことも，予想外の出会いも，喜びも，全部自分の中に吸収され，自分の日常では得られない新しい視線や発見を導いてくれることがあるでしょう。それは，日本で過ごす日常のなかでは得難いものです。

　今の時代は，海外は日常の延長線上にある感覚なのかもしれませんし，特別なものではなくなっているのかもしれません。しかし，研修は自分の感度を上げ，目を配り，すべての刺激を吸収する時間であるという意識を持つことが，研修後の日常においてとても大切なものにつながっていくのではないかと思います。

米国協働研修についての省察

2010年(Case-12)　西岡　佑師

1)　今振り返ってみて，あの活動にはどのような（無）意味があったのか

　2020年現在，私は地方自治体に勤務しています。2018年度から年に数回，業務により東南アジアへ出張する機会があります。出張時，スマートフォンや現地WiFi設備の普及，また地図アプリなどの進歩により，アメリカ研修時（2010年）よりも，現地で活動しやすい環境になったと実感します。

　当時ボストンの空港から電車でホテルに向かう際，路線を間違える失敗をしました。移動や乗り換えに，想像以上に苦労した記憶があります。また，タクシーの手配も，慣れない英語でのやりとりに戸惑いを感じたように思います。今ではアプリを使えば，その場で電車などの時刻表や行き方を簡単に調べられますし，タクシーも手軽に配車アプリで呼ぶことができ，研修当時に感じた戸惑いのいくつかが，今では技術の発展によって解消されています。普段感じ

る，ふとした「戸惑い」や「手間」は，改善の余地があること（ビジネスの種）なのだと思います。

2）　何が予想外で，何が想定内だったのか

Case 大の学生に自分の意見を英語でうまく伝えられなかったもどかしさを思い出します。準備を重ねたプレゼンテーションは，想定問答を暗記をしていたおかげで無事に終えることができましたが，現地学生との何気ない会話に苦労しました。それでも当時は，知っている単語を並べ，身ぶり手ぶりを交え，懸命に意思疎通を図った記憶があります。「話す内容，文脈」が相手と共有できれば，あとは「伝えたいという意思」があれば，ある程度は伝わるという経験になりました。

3）　後輩への一言

海外とは縁がないと思っていた地方自治の業務も，県産品輸出振興，海外航空路線誘致，インバウンド対策など，思った以上に海外と関わる部署があるという印象です。交流人口の増加は，地方行政の一大テーマなので，今後も海外関係事業は増加することと感じています。

「話す内容」と「伝えたいという意思」が大事と前述しましたが，海外出張時のやりとりは通訳者に頼っているというのが実情です。面談中よりも，むしろ面談後の雑談が相手と直接できず，英語が話せればもっと相手と親密になれるのにと思うことがあります。英語，欲を言えば中国語も学生時代から努力して身に着けておけば，仕事の幅が広がると痛感しています。

またこの文章を書くにあたり，当時アメリカ研修後に保﨑先生へ提出した省察を久々に読み返しました。研修中の英語が伝わらなかった苦い記憶や，楽しかった思い出は漠然と記憶に残っているものの，詳細をほとんど忘れていることに驚きました。当時は現地 Case 大の学生との交流や異国の刺激に触れ，いろいろと考えた記憶があるのですが，以降の出来事にすっかり記憶が上書きされていました。記憶は薄れていくものなので，アメリカ研修に限らず，経験してきたことは定期的に振り返り，文章として記録しておくことも大切だと思います。

アメリカ研修から学んだ日本伝統文化の魅力とキャリア選択への影響

2011 年(Case-13)　平 田　彩 奈

1)　今振り返ってみて，あの活動にはどのような（無）意味があったのか

アメリカ研修で経験したことは，現在の興味関心や生活の一部につながっていると感じています。

仕事では観光分野に携わっており，国内外の文化や歴史，社会情勢に触れる機会が多くあります。私個人としては，卒業後に地元である長野県の地域振興に関わる活動を行いました。振り返ってみるとそうした分野に興味を持つようになったきっかけはいくつかありますが，その中でもアメリカ研修での出来事は一つの大きな要素です。

ここには書ききることができない海外の慣れない環境で巻き起こった様々なハプニングや体験は懐かしい思い出でもあり，成長をさせてくれた出来事でもあり，研修に参加出来たことに感謝をしています。

2)　何が予想外で，何が想定内だったのか

予想外だったのは，研修を通して日本への関心を持つようになったことです。

最初は異文化や国際的な環境に触れることができるという漠然と膨らんだ期待感で溢れていました。研修を終えてみると，想像していたそうした体験からもとても刺激を受けましたが，それ以上に日本についてもっと知りたいという気持ちが生まれていました。

きっかけとなった出来事は，日本の伝統色に関するプレゼンテーションです。発表のための準備では，藍染職人の方の元で染色の体験もさせていただきました。真っ白な手ぬぐいが藍色に染まっていく様子が新鮮で，その染料となる藍の葉の栽培には 10 ヶ月も掛かることや，受け継がれてきた染色技法について知っていく中で興味が湧いていきました。そしていざ研修が始まると，他国の学生がそうした伝統文化に興味を持ってくれていることを嬉しく感じる反面，日本に関する様々な質問を受けて自分自身知らずに答えられないことがたくさんあり，悔しい思いもしました。

私の出身地にも様々な伝統文化があり日常生活の中でも触れていたはずなのですが，高校生の頃は身近なことよりも外の遠い世界への憧れが大部分を占め

ていました。近くにあった価値あるものを見逃してしまっていたのだと，はっとした思いでした。そうした経験をしたおかげで興味の幅が広がり，新しい視野を持って物事を見られるようになりました。

3)　後輩への一言

　今でも，またアメリカ研修に参加してみたいと思うほど有意義な経験ができました。これから研修に参加される学生の皆さんにもアメリカ研修を通して感じ取ったことを大切にしてほしいと思います。失敗をして悔しい思いをする場面もあれば，新しい発見に感動する場面など，様々な貴重な瞬間があるでしょう。心に残った出来事は時間が経っても忘れずに覚えていますし，その後の価値観や行動にもいつかどこかで影響を与えるものだと思います。アメリカ研修での出来事は言葉や文化が違う環境の中で大変なことも多くありましたが，その分大切な経験となり今の自分を支えてくれる糧になっています。たくさん学び，たくさん楽しんで素敵な経験をしてきてください。

海外に興味ゼロだったのに結局ハリウッドで映画監督をしている男

2011 年(Case-14)　大澤 広暉

1)　今振り返ってみて，あの活動にはどのような（無）意味があったのか

　米ハリウッドで映画監督をしている今から思えば，非常に意味がありました。が，その意味に気付くまでに長い年月かかりました。

　私のチームのアメリカ研修プレゼンは「日本のアイドル文化について」。チームメイトのゼミ同期と日本で資料・文献リサーチ，街頭インタビュー映像制作，メイド喫茶体験（メイドさんがオムライスに"おいしくなる魔法"をかけてくれました。あくまで調査の一環です）などを行い，米国では実際に 100 人近いアメリカ人学生を対象に某アイドルグループの総選挙を実施したりと，なかなか大変でしたがすべてがいい思い出です。私が徹夜で英文のプレゼン原稿を書いているのに，部屋の電気を消して寝始めた不届き者もいたなぁ笑。

　とはいえ，学生時代の私は海外に全く興味がありませんでした。だって，ほとんどの国は日本人にとって日本より居心地（治安，衛生，食事，言語，etc.）

が悪いんですよ？

　ところが，大学を卒業して日本で仕事をするうちに考えが変わり，アメリカの大学院への留学を決意。それまで「日本人ならまず日本語！」と大和魂を口実に英語から逃げてきた私でしたが，留学そのものには不安を感じませんでした。それは，学生時代のアメリカ研修を経たことで海外へ出るハードルが下がっていたからでしょう。

　当時のアメリカ研修で感じたことは，在米 6 年目の今でもアメリカにおける“初心”として心に留めています。

2) 何が予想外で，何が想定内だったのか

　予想外だったのは，アメリカはそこまで銃社会ではない，ということです。ハリウッド映画の影響で，アメリカの街中で銃撃戦が行われているイメージでした。研修前に保﨑先生へ提出した私の研修目標は「死なない」。あっさり目標達成できました。

　一方で，アメリカで経験したほとんどの物事は想定内でした。これだけメディアが発達した時代ですから，日本にいながら容易に世界の情報に触れられ，知ったつもりになれます。しかし，それは旅行者＝お客様として表面的なアメリカしか見ていなかったのだと，今になって思います。

　もう一度参加するとしたら……？

　もしあの人生の夏休み，学生時代に戻ってアメリカ研修に再度参加するなら，研修期間の前後でアメリカ全土を巡りたいです。現在，私は西海岸のカリフォルニア州ロサンゼルス在住で，アメリカ中部・東部に行く機会はほとんどありません。私が今のところ知っているつもりになっているアメリカは，全体のごく一部に過ぎません。

3) 後輩への一言

　海外だから行った方が良いなどとは微塵も思いません。しかし，不測の状況下での問題解決能力は誰しもが求められるものであり，それを日本の常識が通じない究極のアウェー環境で実践してみるのは有意義です。研修が終わり帰国する頃には，みんな肝が座りまくっていることでしょう。

　あとは，細かいことは抜きにして単純に楽しいです。あれからもう十年近く経ちますが，ゼミの同期と集まった時はアメリカ研修ネタを肴に一晩飲み明かしています。

自身との向き合いから全体との向き合いへの変遷

2012 年（Case-15）　安藤 遼一

1)　今振り返ってみて，あの活動にはどのような（無）意味があったのか

　米国研修がはじまるまでの大学生活では，自分に向き合うことに精一杯でした。そんな状態から全体を見る力を身に付けるきっかけを作ってくれたのが，この研修です。

　ゼミメンバーそれぞれのバックグランドや性格が異なる中で，米国研修での学びをどこまで広げられるか，それは一人ひとりが問題意識をもつことが重要になってきます。そのような環境下において自分の立ち位置を把握し，その場で最大のパフォーマンスを発揮することは，自身だけでなくグループ全体の価値を上げることにつながることがわかりました。その経験は，社会人になった今でも生きています。

　米国研修中では学生 10 人を 1 単位に，いくつものグループが存在していました。10 人で共に行動する全体グループに加え，プレゼンテーショングループ，自由行動時のグループ，問題発生時に対処するグループなどです。グループごとにメンバーや目的などが違うため，その都度求められる役割は毎回異なり，問題に対して迅速に対応し，順応することは非常に大きな学びの機会となりました。

　現在ニューヨークで働いていますが，現地人と仕事する上でも基本的な行いは上記の学びの内容と同じです。チーム全体のパフォーマンスを上げるために自分はどうすべきかを常に考えています。

2)　何が予想外で，何が想定内だったのか

　当時，自分は米国留学から帰国して間もなく研修に参加したため，現地での過ごし方や英語でのコミュニケーションなどは他の同期に比べてアドバンテージがありました。そのため，グループ内で問題が発生しても自分である程度対処できたことは想定内でした。ここで言う問題とは，現地の人との金銭的交渉や，ゼミ所有物の紛失，目的地までの経路情報取得などを指します。

　しかし都度あちこちで発生する問題を自分がその場で解決しても，それはただの個人行動でしかなく，団体行動をしている意義がなくなってしまいます。

そのため，目の前の問題に対して同期をどのように巻き込むのがよいのか模索していました。自分はゼミ自体への参加が途中からだったため，ほかのゼミメンバーとコミュニケーションをとることをより意識し，各々が研修中にチャレンジしてみたいことなどを理解するようにしました。それにより，問題発生時にメンバーに適宜声掛けをして，一緒に問題を解決できるようになったことに一つの達成感を感じました。問題に対して団体としてどうアプローチして解決するか，全体を見ながら判断し，そこから何を学んだことを団体内で共有することも大切だと感じました。

3)　後輩への一言

米国研修では無数の学びの機会があります。その中で何に気付きどう感じるかは人によって異なりますし，異なっていいと思います。参加者が 10 人いれば 10 通りあるはずです。ただ，その気付きや学びを自分一人で独占するのではなく，是非全員で共有してみてください。共有することで，そこから派生する学びを得ることもできます。もちろんせっかくの米国に行くチャンスでもあるので思いっきり楽しんでください。Study hard, play hard！

You made my day.

2012 年(Case-16)　新井田 玲奈

1)　今振り返ってみて，あの活動にはどのような（無）意味があったのか

当時大学 2 年生の私は人一倍好奇心が強く，お金と時間の用意ができれば，躊躇せずに海外旅行に行っていました。旅行は一人でもできる上に，ただ楽しむことで目的を達成した気分になっていました。しかし，ゼミのアメリカ研修はそうはいきません。各々の個性を尊重しながら馴染みのない土地で研修を無事に終わらせるというミッションを遂行する上で，団体行動のあり方を自然と考えさせられました。

研修を終えて 7 年が経過した今，後にも先にも一番濃く「物事を多角的にみる力の習得」，そして「自分の可能性と向き合う」時間だったと感じます。訪問先の大学の講義が実践的で活力にあふれていたこと，また，Roxboro Elementary

School の衝撃的な校風が帰国後も忘れられず，その後の大学生活を懸けた研究（国際バカロレア）への自信とやる気に大きくつながりました。

2)　何が予想外で，何が想定内だったのか

初めてのプレゼンテーションでお互いの国を紹介する際，アメリカの大学生の日本に関する知識レベルが想定よりもはるかに高かったため，学生からの高度な質問に答えられず，恥ずかしい思いをしました。

その日の夜，大幅にプレゼンを修正する作戦会議を夜通しで行いました。これまでの準備期間は何だったのか……。せっかく覚えた言い回しも，スライドも作り直さなければなりませんでした。心が折れそうになりましたが，メンバーの向上心やコミュニケーション力を寄せ集めて，完成させました。その結果，逆に難しい話をしすぎたのか寝てしまった学生もいましたが(笑)，私たちのプレゼンを気に入って，遊びに誘ってくれる学生が現れるなど，目に見える変化があったため，達成感を感じました。よりよい景色が見られるなら，多少の壁は乗り越えたいと考えるようになったきっかけの一つです。

3)　後輩への一言

アメリカ研修で得た学生とのつながりを，大切にしてほしいです。初めて会う人と話すには労力が必要ですし，言いたいことが伝わらないと自分を閉じ込めてしまうかもしれません。ですが，そこは学生という立場を活用して，いつもより少しだけ勇気を持ってほしいです。

多角的に物事をみることの大切さを学生時代から培えば，社会人になってより広い世界に出た後も，人生の糧になります。人付き合いの上で大切にしてほしいことは，マナーと立ち振る舞い。相手は自分の鏡だと一般的によく言われますが，万国共通で相手の立場を理解しようとする態度がなければ，お互いに気持ちのいい関係にはなれないと思います。

また，1)で述べた自分の経験からも，アメリカ研修では多くの刺激を受けますので，「インスパイアされた瞬間を逃さずキャッチ」してほしいと思います。一生の宝を得ることになるかもしれません。

私を励ましてくれる想い出

2012年(Case-17)　宮本　舞花

1)　今振り返ってみて，あの活動にはどのような（無）意味があったのか

当時の私自身の関心は教育，特に特別支援教育にあり，アメリカの教育やインクルーシブ教育に惹かれていました。保﨑先生からはゼミが始まった当初から，「アメリカ研修では自由にしていい。ただし，学生であるという特権とこの機会を無駄にしないこと。自分が興味ある分野をとことん見てくること」と伝えられていました。

そこで私は，インクルーシブ教育を行っている学校や日本の教育をルーツとして持つ特別支援学校を訪問し，案内していただき，授業見学や保護者の方々と食事をするなど，研究につながる様々な経験をすることができました。この経験を通して，自ら行動することの大切さを実感したのはもちろん，教育への興味関心はますます高まりました。

この研修は，その後の進路選択にも大きく影響しました。卒業後にはインクルーシブ教育を行う学校の教員として数年働き，それから大学院にて教育学領域の研究を行い，修了後の現在は公務員として障がい福祉の分野に関わっています。インクルーシブ教育を広めたい，障がいのある人もない人も，どのような人もよりよく生きる社会を実現したいという，アメリカ研修当時からの思いは今も変わりません。

2)　何が予想外で，何が想定内だったのか

写真を見返すと，中華料理を注文しすぎて会計がものすごい金額になってしまったこと，ピザのデリバリーの到着が遅れて抗議したけれど料金が減額されなかったことなど，いろいろ思いだしました。

また，当時反省したことも思いだしました。アメリカ研修前は，アメリカ研修準備と埼玉県庁からの依頼である中小企業PR動画の制作を同時に行わなければなりませんでした。その中で，お互いのアメリカ研修に向けての思いや意識の違いが露呈したり，それぞれが忙しい中で報告や相談をSNSに頼り，意志の疎通がうまくできなかったりすることがありました。各々準備はしたものの，団体としては準備が足りない状態で，協力体制や役割分担が曖昧なまま，

アメリカへ出発。日本でのコミュニケーション不足が，アメリカでのトラブルのもとになったこともありました。トラブルが生じた時，現地でお互いに励まし合ったり，話し合ったりしました。

　トラブルについては，行き当たりばったり気味の解決になってしまったけれど，お互いをさらに知り，お互いのことを考えて行動するいい機会になったと思います。

3) 後輩への一言

　研修から数年たち，私たちはそれぞれの道を進んでいますが，いつ会ったとしてもあの頃と同じように会話ができると思います。そういう仲になれたのは，アメリカ研修を通してお互いのことを知ることができたからだと思います。そしてその尊敬できる仲間たちが，大学時代の私の頑張りや私の性格をよくわかってくれていることに，今も励まされます。

　辛いことも大変なことも，いつか懐かしく思いだせる想い出になります。頑張ってください。

転　機

2013年（Case-18）　古賀 優里香

1) 今振り返ってみて，あの活動にはどのような（無）意味があったのか

　米国研修の3ヶ月後，再びアメリカに1年間留学し，その後の就職先にも海外との取引の多い会社を選択していることを考えると，米国研修が私の進路を決める転機となったことは間違いありません。大学2年生の時に短期留学を経験していた私は，もともと長期留学は考えていませんでした。しかし米国研修を通して，自分の英語がある程度は伝わるという達成感と，思うように意思疎通できないという葛藤の両方を感じ，自分の英語力をもっと伸ばしたいという意識が強くなり，1年間留学という決断をしました。

　先日，海外出張の機会がありました。滞在先のホテルでブレーカーが落ちてしまいましたが，フロントに電話をかけて人を呼んで直してもらうことができました。もし米国研修中に，英語ができる同期がフロントに電話をかけて部屋

に人数分なかったタオルを追加で持ってきて貰っている姿を見ていなければ，電話をする勇気が出ず，その後の数日間ブレーカーが落ちたままで過ごしていたと思います。米国研修の些細な体験も，今の自分の行動に影響を与えていると実感する出来事でした。

2）何が予想外で，何が想定内だったのか

　想定内だったのは，同じプレゼンテーションでも与えられる時間が変わったことです。保﨑先生からは様々な制限時間に対応できるプレゼンを用意するようにと事前に言われていたので，焦らず対応することができました。

　想定外だったのは，私たちが時間短縮のために飛ばしたスライドのほうが現地の学生の興味を引くことがあったことです。

　米国研修はアメリカの大学生と関わる初めての機会だったため，英語を母語とする学生や長期間アメリカで学んでいる留学生を前にプレゼンテーションを行うのは相当のプレッシャーでした。話す内容の一語一句を事前に暗記して発表に臨みました。そのため，オーディエンスの反応を見ながら柔軟にプレゼンの内容を変えることができず，言語の壁と経験の乏しさが露呈してしまいました。しかし，研修では何回かプレゼンの機会が与えられていたため，学生の興味を引いたスライドの説明を増やしたりスライドを差し替えたりして，時間はかかりましたが，プレゼンをよりよいものにしようと対応していきました。

3）後輩への一言

　米国研修がなければ，今のように年に数回，ゼミの仲間が集まるような仲にはなっていなかったかもしれないと思います。ゼミが始まった当初はメンバーの共通点も少なく，不安もありました。しかし米国研修を通して，「プレゼンを成功させる」という共通の目標を持って海外で衣食住を共にしたことで，仲間意識や団結力が生まれ，その後のゼミの雰囲気や活動にいい影響をもたらしたと思います。当時は思いが至りませんでしたが，米国研修は保﨑先生が企画・現地との連絡・食事場所の決定・出席者への連絡など，たくさんの時間と労力を使って下さっているおかげで成り立っています。二度とはできない貴重な経験だということを意識して，どんな体験も全力で取り組んで欲しいです。

米国研修での学び

2013 年（Case-19）　小宮 あかね

1)　今振り返ってみて，あの活動にはどのような（無）意味があったのか

　準備段階から現地での本番まで，一連のプロセスが非常に意味ある経験だったと感じています。発表テーマを決める段階からかなり頭を使いました。私たちのグループは「日本のメイクアップ」をテーマとし，日本の化粧文化がこれまでどのように変遷してきたのか，現在はどのようなものが流行しているのか，という点に着目し，内容を推敲しました。

　表面的なサブカルチャーのみならず，日本ならではの「お歯黒」「隈取」などの歴史から調べ，相手に興味を持たせられるように意識して準備しました。

　実際にプレゼンを行う中で，初回は事前に覚えていた原稿をほぼ暗唱。オーディエンスの反応はいまひとつで，手応えが感じられなかったというのが正直な感想です。2 日間で 4〜5 回のプレゼンを行いましたが，回数を重ねるごとにオーディエンスとコミュニケーションがとれるようになりました。自信がなかったスピーキングに対して，数回のプレゼンでわずかに自信を持てるようになったこと，またプレゼン後にメンバーと振り返りを重ねることで，よりブラッシュアップできたのではないかと思います。

　現在，営業職に就いている中でも同様のシーンを多く経験しています。「相手についてよく知る」，「相手が何を知りたいかを調べる」，「興味を持ってもらうために相手に質問をする」，「伝える内容を自分が一番理解する」という部分は今も大事にしている姿勢であり，学びが多い経験となりました。

2)　何が予想外で，何が想定内だったのか

　先生や先輩方から過去の経験を聞かせていただいたこともあり，大きなトラブルはあまりありませんでした。ただ，研修のプログラムの中で，現地の小学校に訪問した際に説明を聞くのみでこちらからの質問があまり出なかったことなど，学ぶ姿勢においてメンバー間で考え方の違いが如実に表れ，現地のホテルで激しく口論したことを鮮明に覚えています。当時は，「なぜ質問しなかったのだと言われても，疑問がないのだから仕方ないじゃないか」と思っていましたが，今振り返ると非常にもったいないことだったと感じています。「相手

をよく知る」という意識が欠落していましたし，相手に興味を持てていなかったのだと思います。

3)　後輩への一言

合宿中は学生の裁量に任せられる部分が多いため，自由に行動ができる反面，自主性や問題解決力が求められることを強く感じました。もちろん，人によって得手不得手があるため，みんなに同等のレベルを求めることは難しいですが，問題が発生した際にチームで補い合うという経験は，その後の同期との関わり方において圧倒的にプラスに働いたと私は感じています。

また，他国の学生と接する機会はとても貴重ですし，彼らの勉学に対する姿勢に刺激を受けることも多くありました。

この研修が今後の進路を決めるターニングポイントになる人もいるかもしれません。学生ならではの視点で，全身の感覚を研ぎ澄まし，普段とは違う空気を目一杯感じてほしいと思います。

学ぶことと，体験すること

2013 年(Case-20)　島田 吉雄

1)　今振り返ってみて，あの活動にはどのような（無）意味があったのか

当時の私は英語をロクに話せず，これといった勉強をすることもなく研修を迎えました。その結果，現地の大学で行ったプレゼンテーションでうまく話せなかったり，面白そうなお店を見つけても「どうせ言葉が通じないんだろうな」と尻ごみをしていました。当時は，「英語が上手に話せれば，研修中もうまく立ち振る舞えただろうに」と考えていました。

しかし今振り返ると，研修で必要だったのは英語力だけではなく，他のメンバーや，現地で知り合った人たちとコミュニケーションを取ろうと行動することではないかと感じています。研修では，皆と行動する時に自分と他のメンバーの行動のペースが合わない時があったり，それらに気をとられたりと，英語に関係ないところでつまずく部分がありました。

そういった時に，互いの要求をもとに妥協点を考えながら話し合う，自分の

得意なところはこちらがフォローし，苦手なところはまわりからフォローしてもらうというのは，メンバーで共に行動したから経験できたことだと考えています。

いま社会人として仕事をしている時も，知識の有無だけではなく，立場の異なる人と意見をすり合わせる能力や，チームで仕事をする際にチームが正常に進行できるようにまとめる能力がキーポイントとなる場面が多くありました。

英語力を高めるだけであれば日本にいても可能ですが，英語を使いながら自ら考え，行動したことは，保崎先生のコネクションや実績を元にしたあの研修で得たいい経験でした。

2）　何が予想外で，何が想定内だったのか

研修中は一人で行動する時間がありましたが，英語ができないことでトラブルに巻き込まれるのではないかと心配していました。しかし買い物をする，電車に乗るといった行動は国によってそう変わるものでもなく，インターネットで事前情報を調べたり，現場で筆談するなどの工夫によって大きな問題は発生しませんでした。ただし，一人で行動するとスケジュールに自由がある反面，自分の持っている知識の範囲内でしか体験したことを理解できないと感じました。

他のメンバーと行動した際，様々な意見を聞くことで理解が深まったと感じることが多かったため，研修後は自分が話すだけでなく，人の考えを聞くことを意識するようになりました。

3）　後輩への一言

研修では皆との行動が前提になるため，一人の考えだけでは解決できないことばかりです。また研修に対する目的や考えは人それぞれあるため，その中で何らかの成果を残すのであれば，自分の考えを明確に発信し，他のメンバーの考えを受け入れすり合わせることが大事になります。自分の考え方の軸があいまいであれば他の人の考えをどこまで受け入れられるか判断できず，すり合わせがうまくいかなくなります。自分の考え方の軸を持つためには，興味を持ったことには何でもチャレンジしてみることが大切です。勉強やアルバイト，遊びなど毎日何かしら用事はあるでしょうが，たまにはそうした制約を一切気にしないで新しいことをやってみましょう。

かたちあるものは次第に姿を消すけれど

2013 年(Case-21)　田村 佳之

1)　今振り返ってみて，あの活動にはどのような（無）意味があったのか

　私たちの研修の活動のメインは，Case Western Reserve University の学生に，日本の文化について二日間にわたってプレゼンを行うことでした。

　当時の私の英語のスキルは大学受験程度のもので，人前で英語を話す経験などありませんでした。初日はやはりどこかで，上手い英語を話したい，綺麗な発音で話をしたいという思いがあったのか，つかみどころなく終わりました。そこで二日目のプレゼンの始めに"質問"を投げかけてみました。用意したものをそのまま話すのではなく，初日とは違う"流れ"ができるのではないかと考えたのです。案の定上手い回答はできませんでしたが，ケース大生の真面目な質問に対し，苦し紛れに「Anyway」と話を替えたことで笑いが起こりました。初日とは異なる雰囲気が生まれ，プレゼンの終わりには拍手をいただけました。

　異国の地で異国の言葉で何かを伝えることができた充実感，そして今でも体に残るあの緊張感。あの時の経験を，今勤めている会社でもいかしています。たとえば，プレゼン前には「日本語で，知り合いに対して，お互いに共通認識のある話をするのに，何が難しいことがあるか」と，いつも自分に言い聞かせています。

2)　何が予想外で，何が想定内だったのか

　珍しく，特段大きなトラブルのなかった代だったと思います。諸先輩方が失敗をした経験をしっかりと下の代につないでくださったこと，できる限りの準備を事前に行っていたこと，また，何かあった場合に皆が同じ方向を向いて対処ができる人間関係がその当時できていたことがあったからだと思います。加えて，保﨑先生が何か問題があった時の「negotiate」の必要さを何度も仰っていたこともあり，問題があったとしても各々がその場で解決していました。

　ですので，想定外の点ということで挙げるとするならば，Case 大のある学生が日本に来たときに一緒に観光をしたことや，アメリカ研修までまとまりのなかった同期が今も毎年全員集まって研修についての思い出話をしていることかもし

れません。

3） 後輩への一言

　保﨑先生が私たちの卒業のはなむけに，「かたちのあるもので溢れる時代だからこそ，かたちのないものを大切にしてください」とおっしゃいました。アメリカ研修はまさに今の私にとっては何の「かたちのないもの」です。5年経っても心に鮮明に残る研修での経験や，異国の地で誰かと何かを一緒に成し遂げたことでできた人間関係は，このゼミのこの活動でしか得られないものです。こうした貴重な経験をする機会は，私のこれからの人生においておそらくないでしょう。20代前半の想いや熱量だからこそ生まれる「何か」があると思っています。ぜひ皆さんも，かたちのない「何か」をこれから大切にしてください。

米国研修と7年後の日本

2013年（Case-22）　長友　映磨

1） 今振り返ってみて，あの活動にはどのような（無）意味があったのか

　今振り返ってみると，他の価値観や考え方に興味を持つようになったり，視野が広がったりしたのはこの研修がきっかけでした。

　米国研修では一貫して"違和感"を覚えていました。

　教科書を置いてない机，答えが一つとは限らない問い，タブレットが1人1台保有されている視聴覚室……。7年前にアメリカで目にした光景は，それまで日本で経験してきた学生生活に疑問を抱かせる光景ばかりでした。

　答えを当てることが大切で，失敗しないように何回も見直していた発言，電卓やインターネットといったデジタル端末の活用は最終手段とされ，紙媒体の資料や見聞が重視される，計算もどれだけ早く暗算できるかに磨きをかけたりした小・中学校時代を強く否定された気持ちになったことを今でも覚えています。

　そうした疑問が帰国後も残り，教育に興味を持つようになりました。現在は，幼児・小学校向けのデジタル教材の企画・販促広報をする仕事に就いています。いま教育現場に伺うことも多いですが，日本の教育はあのとき私が米国で目にした光景を目指そうと奮闘し，模索しているようにみえます。7年前にアメリ

カで見た光景を今やっと日本の現場で目にしているというのは，なんともいえ
ない気持ちです。しかし，あの時研修であの光景を見ていなければ，この現状
にすら順応できなかったのだと思うと，ゾッとします。

　幼い時の環境は，それぞれの人生に少なからず関わってくるかと思います。
個人的な話ではありますが，教育現場の枠を超えて，自分の好きな映像やバス
ケットボールから何かアプローチできないかと模索している日々です。"答え
はひとつではない"という考えを基に，これからも様々な活動をしていきたい
です。

2)　何が予想外で，何が想定内だったのか

　予想外だったのは，研修自体というよりも，私が飛行機内で携帯電話をなく
したことでした。今となっては大したことではありませんが，あのときは非常
にショッキングな出来事でした。ただ，携帯電話がなくなった分，いつもは見
ないであろう景色を自由時間にたくさん見ることができ，プラスな部分もあり
ました。また，携帯電話を紛失したまま海外での7日間を乗り切ったことで，
何かあってもなんとかやっていける気持ちは強くなったと思います。

3)　後輩への一言

　コロナウイルスの影響により，海外に行く機会が減った，外で活動できなく
なったという部分もありますが，逆にたくさんのチャンスが増えたとも感じて
います。だからこそ自分のやりたいことに向かって，突き進んでほしいです。
保﨑ゼミは，やりたいことがあるのであれば背中を押してくれる環境だと思い
ます。とにかく，在学中にたくさん行動してみてほしいです。

異国の地で主体性を学ぶ

2013年(Case-23)　桝井　学美

1)　今振り返ってみて，あの活動にはどのような（無）意味があったのか

　まず「主体性」という言葉が思い浮かびます。この言葉は，合宿中よりもそ
の準備段階において特に感じられました。

　大学3年になりゼミに入った際，当初から日頃のゼミ活動でアメリカ合宿の

重要性について度々意識させられる場面があったため，ゼミ活動における一大イベントだということは早くから自覚していました。

　同期と意見を出し合ってどのような合宿を作り上げていくのか決めていくことは，それまで「聞く」だけの授業を長年受けてきた自分にとっては，難しく感じられました。同期は10人という限られた人数のため，他の人の意見を待っているだけでは話が進まず，主体的に意見を出していく必要があります。

　最初は，まだお互いよく知らず打ち解け合っていない同期の間で，自分の意見を忌憚なく話すことは勇気のいることでした。しかし，そうした雰囲気も次第に解消し，よりよい合宿作りに向けて，内容を作り上げる過程に入ることができました。最終的に私は女子3人のグループを作り，「日本の化粧」について歴史の解釈を交えつつ紹介するとともに，日本から持参した化粧道具を実際に試してもらう場を設けました。現地学生にも好評で，海外の学生との有意義な交流の場となりました。その際，アメリカの学生から積極的に質問を受けるなどして，改めて主体性の大切さを感じました。帰国後，自分の学生としての在り方を再び考えさせられるきっかけになりました。

2)　何が予想外で，何が想定内だったのか

　保﨑教授からは，アメリカ合宿中，ホテルから訪問先の学校などの移動は一般交通機関を利用するようにといわれていました。保﨑教授は手助けをせず，「どうやって行こうか？」と学生に任せるため，知らない土地で自分たちの持っている媒体や考えを駆使して目的地に向かう場面が多くありました。

　私は短期留学の経験から，海外のバス停には名前がない可能性があることを知っていましたので，バスに乗るときは毎回バスの運転手に行き先を告げ，降りるべき時に教えてくれるように伝えました。そのかいもあって，皆で無事に目的地にたどり着くことができました。この経験は，海外で知らない土地に行く時は，恥ずかしがらずに周りに助けを求めるという現在の行動につながっています。

3)　後輩への一言

　研修がある大学3年生の頃は，ゼミ活動以外にも熱中したいことがいろいろあるでしょうが，自分たちの活動次第で得られるものが多い研修です。準備期間から楽しみながら，またかけがえのないゼミ生同期との友情を育みながら，アメリカ研修への準備やアメリカ研修に取り組んでほしいと思います。

　また，保﨑教授が長く付き合いのあるアメリカの友人宅で行う Thanksgiving

の食事会や，毎年恒例となっている学校訪問など，単なる海外旅行では経験できないような，教授がアメリカで築いた人とのつながりも感じられる研修です。

　今後もゼミの先輩として，可能な限りみなさんをサポートしていきたいと思います。

初海外での強制的限界突破

2014年(Case-24)　奥迫 祐樹

1）　今振り返ってみて，あの活動にはどのような（無）意味があったのか

　自らが無意識に定めている限界値の突破，これこそ米国研修の行われる意味だと私は考えます。そう思う理由を以下2点挙げます。

　まず，現地学生向けのプレゼン準備において，非常に多くの指導を受けました。あれがダメ，これがダメ，では何ならいいのだろうかと途方に暮れ，七転八倒の先に「これなら納得だ」というプレゼンが完成しました。このブラッシュアップの過程に，「限界突破をしてレベルの高いプレゼンができる技量を身につける機会」，つまり「大学生の殻を破るチャンス」が与えられていたのではないかと思います。社会人になってから役に立つビジネススキルを学生である間に高められたことは，今でもいい経験だったと思います。

　また，初めてのことが連続して降りかかってくる異国の地で過ごした2週間，ここでも「自分が殻を破って行動しないと誰も助けてくれない機会」，つまり「限界突破のチャンス」が多く訪れました。詳細は後で述べますが，日本の温室で育った量産型学生である自分にとって，頼るものが本当に限られる場所で過ごした米国研修は非常に貴重な経験でした。

2）　何が予想外で，何が想定内だったのか

　恥ずかしながら初めての海外経験がゼミの米国研修だったこともあり，自分には全てが想定外でした。その中でも強く印象に残ったこととして，「何をするにしても情報や文化を知らないという環境下で行動することへの恐怖感が，予想外に強かったこと」が挙げられます。飲み物ひとつ買うにしても英語を話せない不自由さから行動することに躊躇し，気力をかなりすり減らしました。ただ，

不安で押しつぶされそうにもなりながらも，逆にこれは貴重な体験であると発想を転換し，何度か無理のない範囲で行動してみました。道に迷った時，初老の紳士的な男性に声をかけられ，助けてもらったこともありましたが，結局想定外の『知らない』という恐怖を断ち切るためにしたことは，『知る』ために異世界へ思い切って飛び込んでみることでした。

3)　後輩への一言

米国研修において，あなたは何を得るのでしょうか。何が得られるのでしょうか。何を得たいのでしょうか。

目的意識を持てば，すべての行動は変わります。私は前述の通り，研修時は初めての海外ということで不安だった反面，新しいことを知りたいという好奇心にも満ちていました。いつもは臆病で躊躇してしまうようなことでも，せっかく海外にいるのだから，とトライしてみた瞬間が多くありました。その結果，失敗もありましたが，また一つ大人になったと感じました。

命の危機にさらされるような常識外のことを除けば，基本的にやってはいけないことなどはありません。自分の可能性を留めるものは何もありません。ストッパーとなりうるのは自分自身です。一歩先の自分を目指して，何か一つ目標を決めて行動してみましょう。

異文化遭遇

2014 年(Case-25)　金子 優花

1)　今振り返ってみて，あの活動にはどのような（無）意味があったのか

①経験…Show&Tell では，近い距離感で会話し，個人の意見を聞けたので，アメリカの学生たちが日本文化のどんなことに興味があるのか，感覚として持つことができました。文房具の商品企画をやっていた頃，訪日外国人に向けた商品企画をする機会があり，研修で感じたことを参考にすることもありました。「学生時代にアメリカの大学でこんな活動をして?」という前置きで上司に話すと，実体験に基づいているため説得力があり，対等に話を聞いてもらえた感覚があります。

②スキル…大学入学時から憧れていましたが，サークルに明け暮れて遠のいていた留学が，この体験によって手の届きそうな存在になりました。研修中に「今からでも遅くない。留学しよう」と決意し，ワシントンD.C.から日本へ帰国する際には「待ってろよ，アメリカ！」と叫んで搭乗するほど，留学に対して意気込んでいました。半年後，私はアメリカに1年間留学しました。現在，オフィス家具メーカーで外資系企業を担当し，営業活動をしていますが，英語を使用してアテンドする機会が多くあります。

③マインド…文化も言語も異なる地で，ハプニングに見舞われつつもなんとかなった（なんとかした）経験により，「これだけ環境が違ってもなんとか生きていけるんだ」と気づかされ，自信を持つことができました。その「なんとかする精神」は今でも大事にしています。

2)　何が予想外で，何が想定内だったのか

私にとってアメリカ研修中のすべてが想定外でした。

自由行動後の集合時間に遅刻しそうになり，道ゆく人に携帯を借りようとしたら全員に嫌な顔で拒絶されたり，出発するはずのバスがなくて泣きそうになったり……。なかでも一番想定外だったことは，そんな想定外を全力で楽しんでいる自分でした。日本だったら「嫌だ」と思うことも，アメリカでは「おもろい」と思えました。自分の中に，アメリカ人＝自由でたくましく生きているというイメージがあり，現地でその空気を感じたからかもしれません。

もう一度参加するとしたら，ゼミ生同期と，全米の国立公園をキャンピングカーで回りたいと思います。また，社会人になると，なかなかみんなで海外に行く機会はないため，ゼミ生と周ってみたいと考えます。

3)　後輩への一言

準備期間中は，プレゼンをボロクソにけなされ，夏休み返上で仲間と会議をしました。成田空港では，プレゼンに自信がなさすぎて憂鬱だったのを覚えています。それでも，今では本当に行ってよかったと思います。同じ内容のプレゼンをあれほど試行錯誤しながら，何度も本番をするという機会はもう一生ないでしょう。オーディエンスの反応を見ながら少しずつ内容を変えていく経験はとても貴重でした。「伝える」ことを突き詰めて考える経験は，大学卒業後も活きてくるはず！

また研修中の映像は，編集して残しておくことをお勧めします。あれから4年が経過していますが，未だに同期が制作したアメリカ研修の映像を見て，パ

ワーをもらっています。

アメリカ研修で得た教訓と仕事への影響

2014 年（Case-26）　鈴 木　友

1)　今振り返ってみて，あの活動にはどのような（無）意味があったのか

　アメリカ研修に限らず，ゼミでは "社会人になるにあたり身につけること" をテーマに学んできた気がします。保﨑先生がよくオブザーバーとして多方面から卒業生（社会人）を呼ぶのも，学生たちに社会人と直接話をする体験をさせるためだったと実感しています。

　研修で学んだことは大きく二つあると考えています。

　一つ目は，プレゼンや出し物の準備。当時を振り返ると，異様なほど準備に時間をかけました。私は今石油会社で，原油価格の交渉，取引会社への石油製品の営業に携わっていますが，相手を納得させるには事前準備の完成度がものをいうことに最近気づき始めました。アメリカ研修のプレゼンでは，"英語で" "知らない学生に" "日本文化を" 説明します。相手に理解してもらうためには，自分自身が完全に理解した状態で臨むことが重要だということを学びました。

　二つ目は，知らない土地で生きることです。印象に残ったことは，タクシーでの交渉。先生が乗ったタクシー料金よりも，我々が乗ったタクシー料金の方が高かったことがありました。異国で生きていく上である程度の交渉力は必要であり，それが生きる力につながることを学んだ気がします。

2)　何が予想外で，何が想定内だったのか

　当時英語は話せませんでしたが，意外と現地の人に伝わることが想定外でした。また，アメリカの学生が日本に興味があるということも，想定外でした。

　逆に想定内のこととしては，"英語を話せたほうが楽しい" と感じたことでした。研修後，モチベーションが高くなってフィリピンへのインターンを決めたり，今でも英語の学習を続けているのは，研修が将来に活きた結果でした。

　もう一度研修に参加できるのであれば，現地の大学をいろいろと見て回りたいです。個人的にはケースウエスタン大学よりもダートマス大学に訪れたこと

が印象的でした。なんといってもアメリカの大学は規模が大きく，足を踏み入れただけでテンションが上がりました。ボストンを訪れた際に MIT の講義に潜りましたが，その時は物理学の講義で何が起きているのかわからないままディスカッション形式の授業に巻き込まれ，"I think so" しか言葉を発せませんでした(笑)。

3)　後輩への一言

アメリカ研修は保﨑ゼミのメインイベントで，言わずもがなですがとても楽しいです。卒業生含めたみんなで，共通の話題として盛り上がることができます。我々の代は，現地に滞在している保﨑ゼミの先輩にも参加していただきました。先輩方のいろいろな話を聞くことで，海外で生活することに興味がわいたり，海外で働くことを目標にするきっかけになるかもしれません。我々の同期のなかには "やっぱり日本が一番だよ" と言う奴もいましたが，それはそれで構わないと思います。

アメリカ研修から学んだ組織の中での自分

2014 年(Case-27)　服 部 紗 代

1)　今振り返ってみて，あの活動にはどのような（無）意味があったのか

一番意味があった学びは，「組織の中での自分」です。例として，同期の A くんとの思い出を取り上げます。

あの時起こった出来事を簡単にいうと，研修準備期間，うまく話がまとまらずトピックが幾度となく変わり（途中，「自殺大国日本」にもなりました），とうとう A くんが相談もなくトピックを決めて，それを調べに県外へ一人で調査に出かけてしまったことがありました。そんな彼が手に負えなくて，保﨑先生に泣きながらメールを打って助けを求めたことを覚えています。

今思い返すと，プレゼンを最後に笑顔で終わることができたのは，「チーム全員，プレゼンを成功させたいという思いは一緒だった」からだと思います。その時は，A くんとも，もう一人のチームメンバーだった B くんとも，正直それほど親密ではありませんでした。でも，どんなに途中バラバラでも，目標

は同じでした。その思いがそれぞれの行動で伝わるから，お互いの信頼が生まれたのだと思います。だからお互いを見捨てず，なんとか一緒のレールに乗ろうと必死になることができました。

　社会人になった今の状況に照らし合わせると，会社組織でも同じことがいえると思います。たとえプライベートで飲む間柄ではなくても，組織としての一つの目標にそれぞれが向かっているか，行動で表しているかで，組織内の信頼は生まれると思います。私は今，部署の中では一番最年少ですが，法人担当として四つの営業所を任せられています。各営業所では指導者の立場にいます。相手をするのは9割が年上で，勤続30年以上にもなる方もいらっしゃいます。そういう方々をまとめて同じ目標に向かってもらうために，まず自分が行動して，何度も言葉で伝え，一緒に動く。相手が自発的に行動し始めてくれたら感謝を伝え，進捗を確認するために必ずこちらのほうから連絡を取る。その繰り返しで，入社3年目の私を信頼してもらえるように関係を築いています。

　組織の中で存在感を出す。「仕事上での信頼関係づくり」という点が，アメリカ研修で学んだことといま現在の環境で通じるところです。

2）　何が予想外で，何が想定内だったのか

　一人ひとりタイプが全く違う同期の結束力の深まり方は，想定外でした。

　一方，同期それぞれの「自由度」に関しては想定内でした（一部，想定外の「自由度」に遭遇したのは面白かったです）。

3）　後輩への一言

　ゼミの活動では，「なぜ，こんなことまでしなければいけないんだ」ということがたくさんあるかもしれません。本番までの細かい準備，報告連絡相談などなど。しかし，そうした細かいところまで気を回すことができる能力は，社会人として本当に大切なスキルです。それができるかできないかで，周りの評価や信頼が変わってきます。反発したくなることもあるでしょうが，心のどこかで素直に受け入れて一つひとつ実行してみてください。

人とぶつかる。本気になる。

2015年(OSU-1)　大木　結

1)　今振り返ってみて，あの活動にはどのような（無）意味があったのか

　アメリカ研修参加の自身最大の意義は，「ありかも」スタンスで人の意見に耳を傾けるように心がけるようになったことです。「ありかも」スタンスとは，自分の持っている考えに照らし合わせたり，良い悪いで判断しながら話を聞くのではなく，何か答えを出そうとしないフラットな状態で傾聴することを指します。「その考え方，ありかも」と思いながら話を聞くことで，コミュニケーション・考えの幅が広がったと感じています。

2)　何が予想外で，何が想定内だったのか

　心がけるようになった転機は，メンバーの一人が突然，航空券をキャンセルしてアメリカに行かないと言い始めたことに端を発した，保﨑先生を含む全員での対話でした。彼を説得するために，まともに話をしたことのなかった残りのメンバーで話し合いを始めました。大学のような環境では，自分と合わないと感じる人とは距離を置いて，けんかや言い争いを避けることができます。それゆえ，価値観が異なるメンバー同士での話し合いは難しかったです。

　話し合いでは，何が正解で何が間違いなのかわからず，一方でオフェンシブになることもありました。しかし同時に見えてきたのは，メンバー全員が問題を起こさないことに執着し，問題を自分から遠ざけ，「自分は何ができるか」よりも「自分はどうしたいか」ばかりを考えていることでした。それこそが最大の問題でした。

　それからも話し合いを続けましたが，何か画期的な解決策が見つかったわけではありません。それでも対話を重ねることで，メンバーとつながる一体感を得たと思います。私はそれ以前から，メンバーとつながりたかったのかもしれません。また，それまで自分が信じて疑いもしなかった，例えば「協調」「大人の対応」「やさしさ」など，履き違えて捉えている概念がいくつかあることに気がつきました。

　メンバーとの対話は，一人のメンバーを説得させるための議論という以上に，自分は何者で，何を求め，どうしたいのか，他人の意見から自分を理解してい

く時間になりました。

　メンバーとぶつかったことで，自分について考えるということは，アメリカ研修でなければ起こり得なかったことです。自分だけではどうしようもできないという状況がなければ，本気になることはなかった。本気になったことで，人の意見に耳を傾ける重要性を肌で感じ取り，また人の意見に耳を傾けるために自分が努力する必要性があることに気が付きました。それによって，心がけはじめたのが「ありかも」スタンスで話を聞くことでした。

3)　後輩への一言

　私はこの研修を通じて，いま社会や世界で起きていることに対して，自分は何ができるかということを考え始めました。それが今の研究の道へとつながっています。今後アメリカ研修を行う学生には，これを機に一緒に活動するメンバーと本音で会話をすることを願っています。本音の会話は人とのつながり，社会とのつながり，そして今後の方向性に幅をもたせてくれるでしょう。

アメリカ研修を通して得たもの

2015 年（OSU-2）　大幸 千奈美

1)　今振り返ってみて，あの活動にはどのような（無）意味があったのか

　プレゼンテーションスキルを身に付ける上で，現地の学生に向けて日本文化を紹介した経験は，非常に大きな意味があったと感じています。15 分のプレゼンテーションのために，2ヶ月にわたって，発表テーマに関する綿密な調査を行い，内容について何度も推敲を重ねました。さらに，視覚的にわかりやすい資料の見せ方や，興味を引き付ける話し方など，細部まで保﨑先生や先輩方にご指導いただき，事前準備の難しさと重要性を学びました。

　現在の仕事でもプレゼンテーションを行う機会は多いですが，この経験を生かし，毎回入念な準備を行い，発表に臨んでいます。発表当日は非常に緊張しましたが，準備の甲斐もあり，興味を持って聞いていただくことができ，大きな自信につながりました。

　また，予想していなかった質疑に臨機応変に回答できたことでも自信が付き，

新しいことに勇気を持ってチャレンジできるようになったと感じています。

2)　何が予想外で，何が想定内だったのか

　想定外のことは多々ありましたが，中でも印象に残っているのはオハイオ州立大学の食堂で，ターキーサンドを買うのに失敗したことです。OSU 滞在中のランチタイム，保﨑先生に頼まれてターキーサンドを購入するため，食堂のサンドイッチ売り場で Turkey please. と注文しました。店員から Anything else? と聞かれましたが，サイドメニューを確認されていると思い，断りました。しかし実際には，サンドイッチに挟む別の具材の注文を聞かれていたようで，結局ターキーしか入っていないサンドイッチを先生に渡してしまいました。先生には申し訳ありませんでしたが，サンドイッチの注文方法一つ取っても，実際に行動を起こすことで，文化の違いを感じることができました。

3)　後輩への一言

　研修を通して社会に出てからも役立つ力を身に付けられたので，後輩の皆さんにもぜひ全力で取り組んでほしいと思います。私は当時ダンスサークルに所属しており，11 月の早稲田祭に向けた練習合宿と，アメリカ研修が重なっていました。サークルでは，2 年生の頃から振り付けを担当し，チームを引っ張っていく立場だったため，合宿を欠席することに不安がありました。しかしアメリカ研修では多くの学びを得ることができたのに加え，サークルでも，合宿に参加できなかった分を取り返すため，毎回の練習に集中して取り組むことができたため，研修に参加することを選択して良かったと思っています。

　二つの大きなイベントを両立できたことは大きな自信につながりました。このように全力を尽くすことができたのも，保﨑研究室という環境だったからこそだと感じでいます。この貴重な機会をぜひ楽しみながら全力で取り組んでみてください。

本気でやればなんとかなる！

2015年(OSU-3)　垣堺　菜生

1)　今振り返ってみて，あの活動にはどのような（無）意味があったのか

　私は，アメリカ研修を2回（学部3年次，大学院1年次）経験しています。

　学部3年次の研修の一番の思い出は，乗り継ぎ失敗後の空港スタッフとの交渉です。乗り継ぎ便の時間に間に合わなかった私たちは，先生が来たらなんとかしてくれるだろうと思い込んでいました。しかし，「自分たちだけで交渉してきなさい」と言われ，英語での交渉経験がない中，必死になって空港スタッフと交渉しました。その結果，アトランタ経由の便があることがわかり，なんとかコロンバスに到着することができました。

　研修の1年半後，ニュージーランドに向かう便の乗り継ぎゲートで，同様の事態が発生した際，研修での経験を生かし，優先的に通してもらえるようスタッフに交渉することができました。当時は，どうして先生は手助けしてくれないのかとただただ疑問に思っていたのですが，その交渉経験が自分の学びになっていることに気づきました。

　大学院生として参加した2回目の研修では，ダンスのワークショップを行いました。ワークショップでは，基本的には英語を使いましたが，参加者の中には，日本語学習者もいたため，時折，日本語を混ぜながら進めました。英語で教えるのは非常に難しく，悔しい思いもしましたが，これに備えて考えた技を説明するための英語のフレーズは今でもよく覚えています。この経験を通して，海外でダンスを教えることの面白さを知ることができました。

　現在，私はアメリカの大学で日本語を教える仕事をしており，そこでもダンスのワークショップを開催していますが，OSUで一度経験したからこそ，英語でダンスを教えるというハードルは非常に低くなりました。

2)　何が予想外で，何が想定内だったのか

　予想外：同期のメンバーといい意味でぶつかりあったことです。大学生にもなって大げんかをするとは思いもしていなかったのですが，結果としてお互いをよく知ることができました。友だちというよりは仲間というイメージで，言いたいことを遠慮なく言える関係になれました。

想定内：自分の英語力の無さを突きつけられたことです。

3)　後輩への一言

　私にとってこの研修は，自分のダメな部分と何度も向き合わなければならず，楽しいことばかりではありませんでした。でも，本気でやり切ったら，必ず得るものがあります。私は，この研修を通して自分の人生の方向性が変わりました。日本語教育に興味もなかったし，ダンスを海外で教えるという考えも全くありませんでした。でも，今不思議とそれがすべてつながってきています。「興味がなくても，いつかどこかでつながってくるから，とりあえず本気でやってみろ」と，よく先生が言っていたのですが，今になってその意味が少しわかるようになりました。この研修で学んだのは，自分にはできなさそう，興味がないと思っても，本気でやれば，誰かが助けてくれて，なんとかなるんだということです。こんな貴重な研修，なかなかないです。応援しています！

自分の弱さを知り打席に立つ大切さを知った研修

2015 年(OSU-4)　佐藤　航太郎

1)　今振り返ってみて，あの活動にはどのような（無）意味があったのか

　あの研修がなければ，大学に 5 年間在籍することはなかったと思います。それほど，自分の無力さを知った研修でした。

　研修前まで「海外」に興味はなく，成績もそこそこで，良くも悪くも何事においてもそつなくこなしており，自分の置かれている立場に満足していました。ただ，その「満足」は今から考えると，自分の得意なことだけを好み，無意識に自分の苦手なことを避け，「できない自分」から逃げていただけだったと思います。初めての海外に旅行ではなく研修として参加した結果，「できない自分」が顕著に現れて，それを受け入れざる得ない状況の連続でした。

　「できない自分」を受け入れることになりましたが，同時に，「そんな自分は絶対許せない。変えたい」という想いが自分にあることも知りました。「このままでいいんかな，俺」。そんな想いから，帰国後すぐに休学し，留学を決心しました。

　大学卒業から 2 年が過ぎた現在でも，挫折の連続です。ただ，あの研修があっ

たからこそ，自ら打席に立ち，挫折から学び，そして過去の自分を乗り越える
ことを楽しんでいます。「今の自分を形成した原体験」。そのようにあの研修を
捉えています。

2) 何が予想外で，何が想定内だったのか

予想外だったのは，飛行機に間に合わなかったことや，仲間が研修直前でキャ
ンセルしたこと，同期間で最悪な関係性となったことなど，挙げるときりがあ
りませんが，そうした出来事から「自分の思い通りに進むことはない。何時で
も予想外のことが起きることを想定しないといけない」ことを学びました。何
か計画を立てる時はあらゆるリスクを想定し，それでも予想外のことが起きる
ことを覚悟するというのは，社会人となった今も生きています。最終的には，
「何ごとも覚悟を持って行動すれば何とかなる。そこから学ぶことがある」と，割
り切って行動しています。

3) 後輩への一言

私の中では，大変意味のあった研修でしたが，人によって受け取り方は様々
あると思います。ただ，そうした様々な受け取り方がありうるのも，先生や先
輩方が活動を続けてきたおかげで，研修に参加する機会を与えていただいたか
らこそです。だからこそ，与えられた機会を大切にしてもらいたいです。時間
よりもお金よりも，機会こそ最も大事にすべきものと思います。

肝心の語学力は，研修では正直まったく向上しませんでした。ただそれでも，
今でも保﨑先生や仲間と会った時は，研修の時の話になります。当時は苦痛だっ
たことも笑い話になっています。先生もまだまだお元気そうで，ぜひ活動を継
続してもらいたいと思います。力になれることがあれば，全力でやります。ぜ
ひ打席に立ち続け，いつか笑い話ができればと心から思います。がんばってく
ださい。

海外を身近に感じる機会——日本人としての恥ずかしさを捨てた期間

2015年(OSU-5)　野中　優

1)　今振り返ってみて，あの活動にはどのような（無）意味があったのか

　研修を通して学んだのは，「海外は想像していたよりも近い存在」ということでした。

　私が一番不安だったのは，語学（話す）力でした。現地に到着して私の予想は的中しました。物を買う時，人に話しかける時，どのように言えばいいのか。文章では書けるのに，すぐにその言葉たちが出てこず，情けなさを感じたのを今でも鮮明に覚えています。

　時が過ぎ，アメリカでの生活にも慣れ始めた時，ふと気づいたことがありました。それは，「完璧は求めず，とにかく必死に伝えることが重要だ！」ということです。それまでの私は，英語を話す・伝えるときは，綺麗で完璧に伝えるのが大切だと考えていました。しかし，相手に何とか伝えようとする気持ちが何より大切だということに気づきました。この「気づき」こそが，私のアメリカ研修における最も意味のある経験だったと強く感じています。

2)　何が予想外で，何が想定内だったのか

　アメリカ研修で嬉しくも想定外だった経験が，オハイオ州立大学で行なった「日本のお茶文化」に関するプレゼンテーションでした。アメリカの学生たちは興味津々で，発表中も真剣にメモを取り，質問も飛び交ったことがとても印象に残っています。

　このプレゼンテーションを作成・発表するまでには，多くの時間を割きました。準備万端だったにも関わらず，私自身当日の発表は上手くいかなかったように感じました。とても残念で落ち込みましたが，現地の学生，教授の言葉に強く胸を打たれ，思わず涙したのは，今思い返すととてもいい経験だったと感じています。そこで学んだのは，「自分の満足度＜相手の満足度」ということでした。保﨑教授から掛けられた言葉，「学生みんなが喜んでいるんだから，裏を返せば素晴らしい発表だったということだよ！」この言葉は一生忘れられず，社会人になった今でも心に残っています。

3)　後輩への一言

　この研修を通して，私は海外を身近な存在だと強く実感することができました。研修後は短期間ではありますが，留学も経験しました。これはアメリカ研修を通して，一人で苦難を乗り越えてみたいと思ったためです。「私でもできる！自分に自信を持ちたい！」という挑戦でもありました。一人の不安や悩みこそありましたが，やはりこのアメリカ研修が私の背中をそっと押してくれているように感じたのも事実です。

　社会人になった今でも当時の自分，そして何より保﨑教授からの言葉を思い出して日々の仕事に活かすことが多々あります。アメリカ研修は，皆さんにとって自分自身のステップアップにつながる大変貴重な経験です。どうか今後も研修が続きますこと，そしてこの研修を支えていただいている関係者の皆様に敬意を表し，私からの一言とさせていただきます。

文化を紹介するということ

2016 年（OSU-6）　楢原 ゆかり

1)　今振り返ってみて，あの活動にはどのような（無）意味があったのか

　執筆現在（2019 年 10 月），私は大学院を休学し，ミャンマーの外国語大学で日本語教師のアシスタントをしています。しかし，日本語教師の仕事をアメリカ研修以前は全く知りませんでした。研修で，現場を見て興味を持ち，アメリカ研修後に，日本語教育の副専攻をとりました。副専攻の授業を受けたり，日本語学校で授業をしたりする中で，日本語教師・日本語教育の魅力を感じ，今はそれらを専門に勉強し，また教師として活動をしています。アメリカ研修は日本語教育という世界への扉でした。

　現在の視点から見た，日本の文化紹介プレゼンについて述べたいと思います。私たちの代は，お風呂，文房具，落語について紹介しました。私たちは，その中で落語を担当しました。当時は，精一杯英語で発表し，なんとかわかってもらおうと必死でした。そして，いろんな道具を持ってきて，どう楽しんでもらおうかということを考えました。私の中で非常に学びの多かった活動でした。

　しかし，オハイオの学生にとってどうだったのかと考えると，プレゼンではなくて，もっと別の方法があったかもしれません。時間の全てをプレゼン形式で行ってしまうと，一方的になり，私たちと直接会う意味が薄くなってしまうように思います。実際に，プレゼン中に部分部分で体験や交流などはありましたが，活発な学生同士の会話はなかなか生まれませんでした。もっと参加を中心にして考え，グループに分かれて落語体験をしたり，一緒に何か作ったり，テーマについて話し合うということでも，よかったのかなと感じます。プレゼンという形式にこだわらず，違う背景を持つ学生と一緒に体験し，話す中で，違いや面白さを見つけてもらえたらよかったのかもしれません。

　今，もう一度あの時の状況に置かれたならば，そのように一緒に活動して，もっと会話をしたり，直接会えたからこそできる経験をしたいと思います。何年もしてきた活動だからこそ，学生の変化に合わせて何を知ってもらうかということを考え，今までと同じプレゼン形式ではなく，変えていくべきだと考えます。

2)　何が予想外で，何が想定内だったのか

　私たちの代は，いろいろなことを先輩から教えていただいたので，あまり大きなトラブルなどはなかったように思います。しかし，文化紹介のプレゼンの時に機械のトラブルが起きました。機械トラブルは想定していたにも関わらず，慌ててしまい，対処するのに時間がかかった結果，他のグループの発表の時間が短くなってしまいました。トラブルを想定していても，実際に起きた時に対応するのはなかなか難しいものだということを痛感しました。

3)　後輩への一言

　ここで書いたことは，一つの意見であり経験です。また，多くの方が書いてくださっている文章の多様さからわかるように，人それぞれの見方ができる研修だと思います。研修を含め，皆様自身がいろいろなところへ行き，見て，聞いて，感じ，皆様だけの経験を得てください。

Walking in Someone Else's Shoes

2016 年（OSU-7）　野村 光平

1)　今振り返ってみて，あの活動にはどのような（無）意味があったのか

　現在，社会人3年目を迎え，少しずつ自分の仕事や社会人としての振舞い方を覚えてきたと感じています。職業柄，海外の取引先やパートナーと協業する機会が増えてきて，他国の人とのコミュニケーション重要性を痛感しています。この機会に今一度，自身の学生生活において大変に大きな経験となった保﨑研究室米国研修について振返りたいと思います。

　16期の主たる研修内容の一つとして，現地のオハイオ州立大学の日本語クラスで，日本の文化についてプレゼンテーションをするという課題がありました。私は現地人に対して英語でプレゼンテーションをすることに不安はなく，現地人がどのような日本の文化に興味を持つかがある程度予測できました。

　しかし，これは私の米国での在住経験をもとに自分の主観のみで立てた予測で，ある種の固定概念にすぎませんでした。私の固定概念を軸にプレゼンテーションを作成していたら，ありきたりな「THE ジャパン」のプレゼンテーションになっていたでしょう。日本でずっと生活してきたグループメンバーだからからこそ知っていること，理解していることは何なのか，お互いに知恵を絞り出した結果，現地の学生にとって聞く・見る価値のあるプレゼンテーションができたと感じています。

　この課題や研修を通じて，日米の文化をより一層深く理解し，形にすることができました。それは，自分の人生にとって大きな意味があったと確信しています。

2)　何が予想外で，何が想定内だったのか

　このグループと米国に約2週間弱滞在した中で，自分の中で予想外な出来事が同じような局面で度々起きました。それは，非言語意思表示の有効性です。

　大学入学前の米国在住中，非言語意思表示，すなわち英語を用いないでコミュニケーションを取ることはほぼ不可能でした。英語が話せなければ相手にされない，自分の思っていることや，やりたいことが伝えられない厳しさがあったと記憶しています。しかし，英語がほとんど話せないグループメンバーと現地

大学生と食事を共にしたり，街へ買い物に出かけたりすると，彼らは自分の意思表示を身振り手振りで行い，しっかりと伝えることができ，聞く側の現地人もしっかりと何を伝えようとしているのか理解しようと努力している姿が伺えました。

　この予想外の出来事を通じて，私は異文化コミュニケーションには，聞かれる側の境遇と立場が意思表示に大きく影響すると感じました。互いのバックグラウンドとその時に伝えたい意思表示全てを含め，異文化コミュニケーションだと学びました。

3) 後輩への一言

　グローバル/IT 化によって他国の人間と関わることは容易になってきたと言えるでしょう。パソコン一つあれば外国の方とライブで会議をすることができますし，翻訳システムを活用すれば整った英語メールを作成することもそう難しくないでしょう。

　しかし，本当の意味で他国の人と対話するには，このような表面的な会話ではなく，相手と向き合い，理解し合うことが必要です。研修を通じてこうした異文化コミュニケーションを経験することは，将来を豊かにする貴重な財産になると強く感じています。

　これから研修に関わる後輩たちには，固定概念を持たず，自分の経験を最大限に他の参加者に表現して，何かを形に残してもらいたいと強く願います。

あの時，保﨑教授はどう思いながら私たちを見ていたのだろう

2016 年(OSU-8)　橋川　憧子

1) 今振り返ってみて，あの活動にはどのような（無）意味があったのか

　私は大学卒業後，埼玉県の教員となり，今は中学校で英語を教えています。大学 3 年生の時，オハイオ州立大学で「落語」についてのプレゼンテーションをする機会がありました。当時は，受講する学生像やかれらの興味，関心に重きを置き，私たちが今伝えられることを班員と一生懸命考えました。

　もう一度オハイオ州立大学で「落語」についてのプレゼンテーションするこ

とができるのであれば，きっと，学生時代とは違った準備をすると思います。それは，教師になって教わる側から，教える側になったことによる変化だと考えます。今の私がプレゼンテーションを準備するのであれば，まず私はオハイオ州立大学の教授と打ち合わせをしたいと思います。例えば，既習の単語やフレーズを確認しながら，落語に関する新情報を提示することにより，学生は授業のつながりを感じやすくなり，より主体的に授業を受けてくれるのではないかと思います。また，1回きりのパフォーマンス授業にならないよう，私のプレゼンテーションを聞いたことで学生たちが日本文化により深い興味，関心を抱き，それが深い学びにつながるような工夫をしたいです。

　現在，アクティブラーニングや主体的な深い学びなどが求められています。私も，生徒が自ら学びたくなる授業づくりを目指しています。教える側としてもう一度あの時のプレゼンテーションを考えると，プレゼンテーションの内容の「必要性」が必要不可欠だったと思います。つまり，オハイオ州立大学の学生が「落語」を学ぶ必要性をよく検討し，その検討のもとにプレゼンテーションの構成を考えます。落語に興味もなければ，それが何であるか知らない，知りたくもないと思っている学生に対し，落語を学ぶ必要性を植え付けることこそが大事だったのだと，今は思います。学生に必要性を感じてもらい，プレゼンテーションの中で学びを得てもらうには，やはり，「わかった！」「できた！」という感覚が大切です。

　今の私であれば，オハイオ州立大学の学生がそれまでに習ったことのある日本語の言葉，文法，会話表現などをリアルな日本語としてプレゼンテーションの中に盛り込みます。そうすることで，プレゼンテーションに説得力が出てくることでしょう。今までなんとなく日本語，日本文化を学んでいた学生が，それまでの知識を使って，「わかった！」「できた！」と感じることができれば，「落語のことをもっと知りたい！」という主体的な学びにつながるのではないでしょうか。

3）　後輩への一言

　アメリカ研修に参加した学生一人ひとりが感じる貴重さや無意味さは学生それぞれと思いますが，研修時すでに教職に就きたいと思っていた私にとって，研修は「貴重な体験」でした。社会人になってオハイオ州立大学での経験を思い出す時，今度は「教える側」として思い返すようにしています。

　今思うと，オハイオ州立大学の教授には申し訳ないことばかりです。今後こ

の活動が，オハイオ州立大学の学生と早稲田大学の学生双方にとって，主体的な学びにつながることを願っています。

参加者ではなく主体者に

2017年(OSU-9)　小林　桃子

1)　今振り返ってみて，あの活動にはどのような（無）意味があったのか

　私にとって米国研修は無意味だったとは思いませんが，どのような意味を持つのかと問われると，正直わかりません。研修に参加して3年経ちますが，未だにあの研修から何を得たのか，何を学んだのか，はっきりと「これを学びました」と言えるものはありません。それは私自身のなかで，米国研修には単なる「参加者」として参加したにすぎないという意識が強くあるからだと感じます。

　アメリカに行く手はずも，スケジュールも，プレゼンテーションの時間をもらうことも，すべて用意してもらった時間と場所のなかで，やりたいことを自由にさせてもらいました。研修のプログラムはどれも貴重な体験でしたが，はっきりと「これを学びました」と言えないのは，この研修に主体性をもって参加できていなかったからだと思います。先生や先輩，同期など周囲から与えてもらうことを当たり前のように感じながら研修に参加していたからだと思います。

　アメリカに行く前，保﨑先生からは「この研修にはそれぞれが自分のテーマを決めて行きなさい」と言われました。私は，そのテーマに「自分の成長につなげたい」と漠然としたものを掲げていたと記憶しています。米国研修に参加することで，自然と自分の成長につながると考えていました。しかし，ただ参加するだけでは何も成長につながらないことを，研修を終えた今になって感じています。

　初めは単なる「参加」でも，研修の中で自ら進んで行動し，吸収し，また発信していくという繰り返しの中で，学び，成長していくのだということを保﨑先生からは耳が痛くなるほど言われていました。しかし，当時の私はその意味を十分に理解できていなかったのだと思います。

2)　何が予想外で，何が想定内だったのか

アメリカの大学生は政治や経済，社会問題に関心があり，自分の意見をしっかり持っている学生が多いという印象を受けました。自分の国の政治を楽しそうに議論している学生というのは，日本でそれまでみたことがなかったので，衝撃を受けました。また，ダートマスカレッジの学生寮に私を泊めてくれた女子学生は，特に経済への関心が強く，大学の講義も自分の将来に直接つながるという確信のもとに選んでいるようでした。これは，日本の大学生にはあまり見られない姿勢のように感じます。かれらは同じ年齢とは思えないほど，自分の将来のこと，国のことを考えていて，刺激を受けました。

3)　後輩への一言

今になって，主体性をもってこの研修に臨むべきだったと後悔しています。先生や先輩，同期の存在に甘えることなく，なぜこの研修に参加するのか，自分に何ができるのかを真剣に考えればよかったと思っています。周囲から与えてもらうことをいつまでも待つのではなく，前のめりになって食らいつく気持ちで，貪欲に，不格好でも，前向きに，楽しく，この研修を自分のものにしてほしいと思います。

めんどうくささに向き合う力

2017 年(OSU-10)　関口　翔太

1)　今振り返ってみて，あの活動にはどのような（無）意味があったのか

考え方が全く違う人たちと目標をいかにすり合わせていくか，その調整力をこの研修では学べると思います。

ゼミの環境は部活やサークルなどとは大きく違います。同じ考え方をする人だけでなく，今まで考えたことのない切り口でものを考える人もいます。そのため，ゼミの取り組み方に差がでることもあり，結果として軋轢を生んでしまうこともあります。

しかし，意図せずお互いの主張がぶつかりあう時は，相手の気持ちに耳を傾けることを忘れてしまっています。実際，会社に入ってみると，自分のミスで

はないのに怒られることはたくさんあります。しかし，それを相手のミスと言って切り捨てるのではなく，まずは自責の念をもって歩み寄ってみる。その「めんどうくささに向き合う力」をこの研修は教えてくれたと思います。

2)　何が予想外で，何が想定内だったのか

全員で一つの発表をすると思っていたところ，現場に着いてから一人で発表をする事態になったことが想定外でした。この出来事から，あらゆる状況を想定しておくことと，その準備の大切さを痛感しました。

もともと米国研修は，アメリカの大学の複数の授業にお邪魔して日本文化の発表をするというものです。僕らの想定では，発表を終わった後にいくらか時間があり，そこで次の発表の準備をすることができると考えていました。しかし現場に着くと，アメリカの大学の敷地があまりにも大きいため，スケジュール通りに教室間を移動することは不可能だということがわかりました。急遽，教室ごとに担当を割り振り，三人で行う発表を一人で行うことにしました。伝えるべきことは三人で常に話し合っていたため，なんとかことなきを得ました。

アメリカの教室の情報やスケジュールについて，事前に大学側に聞くこともできたはずです。準備することの大切さと臨機応変に対応する柔軟さを学びました。

3)　後輩への一言

ゼミは不思議なコミュニティだと思います。勉強を第一に考えている人，仕方なくゼミに入っている人など，本来出会うことのなかった人たちと交流することができます。これがゼミのいいところだと思います。だからこそ，後輩のみんなに言えることは環境に忖度して自分を変えないでください，そのままでいてくださいということです。自分の軸は何かということを考えてゼミという空間に参加すれば，自分にとっても，相手にとってもかけがえのない経験になるからです。その機会を，自分を変えることによって奪ってしまうのはやめましょう。

しかし，注意も必要です。自分の軸があったとしても，どんなことでも「自分には関係ない」と決めつけることだけはしないでください。どんなに自分に関係ないと思えることでも，本質的な意味を考えながらやっていると，自分のやりたいことや優先していることに活かせるものです。どんな経験でも面白がってやってみてください。

相手と自分について考えるきっかけになる研修

2017 年（OSU-11）　阪野　真希人

1)　今振り返ってみて，あの活動にはどのような（無）意味があったのか

活動の中で最も記憶に残っているのは，日本文化について現地の大学生にプレゼンした経験です。

私たちの班は，日本の交通について発表しました。このプレゼンでは，① バックグラウンドの異なる人に発表することの難しさ，② 挑戦してみる大切さ，を学んだと思っています。

まず１点目についてですが，プレゼンの準備で先生や先輩からのコメントで印象に残っているのは，相手の立場になって自分のプレゼンをみるということです。私たちは，同じ日本という国で育ち，同じ大学に通い，自分と似た人の多い環境で生活しています。そのことによって思わぬ固定観念や思い込みが生じ，自分にとってわかりやすい説明でも，発表を聞く相手には伝わらないということがあります。例えば，日本の電車がいかに正確であるかを伝えたとしても，現地の学生は車社会で生活しているので他の比較対照を挙げないと伝わりづらいことなどです。

相手がどう受け取るか想像する大切さは，外国人とのコミュニケーションだけに留まりません。実際に就職して働くと，それぞれの立場を考えたコミュニケーションの重要性を再認識する場面が多くあります。そうした場面で，この研修で学んだことが活きています。

次に，挑戦の大切さについてです。私はそれまでの人生で，失敗を恐れ，できる範囲を超えたチャレンジする経験がほとんどありませんでした。しかしプレゼンで現地の学生の前に立った時は，想像していたよりも大きな教室で発表することもあって，逃げ出したくなるほど緊張しました。加えて，機材トラブルなどで 40 人以上の学生を待たせてしまったり，発表中の学生たちの反応が少なくて不安になったりして，うまく話せませんでした。準備した発表が伝わらなかったことを失敗だと感じて非常に落ち込みもしましたが，自分は追い込まれた時にどのような状態になり，どのような振る舞いをするのか知ることができたとも思っています。意外にも，失敗したと感じた経験も，自分はポジティ

ブな意味付けをすることができることに気づきました。その後は失敗を恐れず，やってみること自体が自分にとってプラスになると感じるようになりました。

現在の仕事においても，難しそうに見えることもまずはやってみようというスタンスを持つことができました。たとえ失敗したとしても，やらないよりも圧倒的に成長が早いと信じて，日々精進しています。

3) 後輩への一言

私から伝えたいのは「吸収する意識」です。私は研修の時，「些細なことでも，気づいたことを100個メモする」という個人目標を立てました。この目標を設定したことで，町の信号や，看板，スーパーの食材の物価など，プログラム以外のことにもアンテナを張りながら毎日を過ごすことができました。ぜひみなさんも研修の時には，小さなことでいいので目標を立てて実践してみてほしいです。

その悔しさが次につながる

2017年(OSU-12) 関根 ハンナ

1) 今振り返ってみて，あの活動にはどのような（無）意味があったのか

わたしは大学院の修士課程1年次に，大学3年生のなかに一人紛れて米国研修に参加しました。オハイオ州立大学では，個人で，日本の若者言葉についてプレゼンテーションすることに挑戦しました。3年生が毎日揉めながらグループプレゼンテーションの準備に取り組んでいる様子を横目に，一人で淡々と準備をするのは正直楽でした。しかし，いくつもの試練をグループで乗り越えてプレゼンテーションを終えた3年生の誇らしい顔を見たときは，なんだか羨ましい気持ちにもなりました。研究室の先輩方の何年も続く絆はこうやって築かれてきたのか，と納得した瞬間でもありました。

わたしが米国研修で最も影響を受けたのが，現地の小学校への訪問です。アメリカの子どもたちは何をどのように学んでいるのか，先生はどのように指導しているのか，それはどうしてか，自分の五感で感じながら学ぶことにワクワクしました。同時に，あの日は質問したいことがいくつもあったのに，周りの

目を気にして質問できず，情けない思いもしました。

　この喜びや悔しさを味わった体験がきっかけとなり，その後のわたしは世界の学校を自分の足で回るようになりました。自分で魅力的な学校を調べては直接交渉をして，今のところ8ヶ国40校の学校を訪問して学んでいます。どの国でも訪問を断られることが多いのですが，米国研修を通して世界の教育を知ることへの自分の興味を自覚したことや，「No！と言われるまでNoじゃない」という保﨑先生の言葉，挑戦し続ける心地よさが原動力となっています。

2)　何が予想外で，何が想定内だったのか

　米国研修で予想外だったことは，研修中に保﨑先生から行動の指示やレクチャーなどがほとんどなかったことです。研修では，個々人が自分で感じて，考えて，決断して，行動する場面が多々ありました。見ず知らずの土地で団体行動をすると，一人旅の何倍もの問題が発生します。追い込まれた状況で，考えを伝えあい，すぐに判断して行動する過程は，本物の問題解決学習であり，状況に埋め込まれた学習だったと思います。

3)　後輩への一言

　同じスケジュールをこなしても，人によって学びの質が大きく異なる研修だと思います。集団行動を意識して空気を読んだり，足並みを揃えて行動したりすることも大変意味のあることですが，自分の探求したいことを見つけたり，こだわりを持ったりすることも同様に大切だと思います。現地でたくさん感じて，考えて，挑戦して，自分だけの価値ある経験をしてきてください。

終わらない「おわりに」
——経験は美化も醜化もされて然り

保﨑 則雄・藤城 晴佳

「終わりのない始まりはない」ということに加えて，朽ちること，消滅していくことの実践活動になっていく成熟と美学は明らかに存在すると思います。

本書第1部の各章は，私たち保﨑ゼミの研修に実際参加した人たちの意見，分析，今とのつながりという視点で書かれたものです。受け入れ側として世話をしてくださった方々が研修を冷静に分析した章もありますし，引率側としての立場で考察した章もあります。一つの現象も，異なる立場，異なった視点からみることは，別の新しい認知を開拓し，獲得することにつながります。我々編著者も気づかなかったことがあちこちに記述され，描かれています。

保﨑ゼミの研修は，9.11同時多発テロが勃発した2001年度末のCase Western Reserve University から始まり，2015年度に The Ohio State University に研修先が代わりました。その間，継続してつながってきた Boston College, Dartmouth College との関わりも深くなっています。本書には登場しない人々も含めて，本書が一つの区切りとなり，今後はさらに工夫を凝らした研修になるでしょう。

同時にこの「短期海外研修」は，そろそろ緞帳の動きが意識される段階にもさしかかっています。本書の冒頭で触れた「教育とは継続した実践」であることを再度強調しつつも，その継続性の本質を考えるよいきっかけとなったのが，本書をまとめるという総括作業でした。

他の学校の先生方などの実践者にとって何か客観的に参考になりそうなことを考えると，以下の3点が挙げられると思います。一つ目は，この研修に関わって支援してくださった方々の存在です。ここには，ゼミの卒業生も入ります。二つ目は，この実践に参加することによって主体的な学びを深め，迷い苦しみ，そして楽しんだ参加者である，学生諸君の存在とかれらの潜在

214

的な適性です。このような実践で獲得，会得できるようなものは，「○○力」と言われるものでもなく，定量的に測られるものでもないでしょう。三つ目は，憚りながら，準備も含めて18年間倦まず弛まず，飽きずにやり続けた引率側の教員スタッフの存在です。冒頭に引用したエリクソンの「創造的熟達者」になっているかどうかは判断できませんが，いろいろな支えあっての「反省的熟達者」という程度のことは言えるかもしれません。

　今後こういう海外研修を実践される新しい舞台，演者，裏方の皆さんには，その時代に沿った「古さ」というものの創発を期待します。　　　　　　（保﨑）

＊

　原稿を読み返すほど，果たして，本当にこの研修の本質が伝えられているのだろうか，他にも描き方があったのではないかと，内省するばかりでした。読者層を絞り，よりわかりやすくて活用しやすいハウツー本にすることは簡単だったかもしれません。しかしながら，この「わかりづらさ」「伝わりにくさ」こそが，私たちの研修の一番の魅力であると，今回の作業を経て再認識している次第です。

　第2部に寄稿された39編の振り返りからもわかるように，研修の切り取り方，受け取り方は参加者本人たちの自由であるといえます。そして，用意された学びではないからこそ，研修での活動が進むにつれ，参加者の思考は解放されていったのではないでしょうか。

　教員は必要以上に「手助けない」「手をかけすぎない」が，この研修におけるポイントだと考えています。「教えるから学ばない」と，この研修の指導教員たちの間でよく言っているのですが，様々な場面において，いい意味で学生を突き放すことができるのは，学生を心から信頼していることの表れだと思います。それは，学生としてこの研修に参加し，研究室の先輩となり，指導者として関わり続けたからこそ，見えてきたものだと確信しています。

　米国研修が18年間継続できたのは，前述した研修に関わってくださった方々に加え，私たちの活動に賛同し，学生を送り出してくださったご家族の存在も大きかったと感じております。

　個人的なことを書かせていただくと藤城は，学部生，大学院生，助手と異

なる立場でこの研修に参加し続けてきて，考えることに対する耐性がついたと省察しています。学部生として参加した時の研修では，同期の非主体的な態度に腹を立て，夜中に保﨑教授の部屋まで一人で抗議しに行ったこともありましたが，今となってはいい思い出です。教員として同行した研修では，学生とのミーティング後，教授と毎晩深夜まで研修について話し合い，ぶつかり合い，腸が煮えくり返って眠れない夜もありました。物事に対して自分の考えを持ち，そしてそれを表現することの悦びは，教授との議論を通して知らぬ間に教えられていたのかもしれません。

　本書は書籍としてまとめられたましたが，決して完全版ではありません。なぜなら，私たちの研修は時代の流れや環境の変化に，順応，対応し，常に変容し，流転し続けているからです。　　　　　　　　　　　　　　　（藤城）

編著者紹介

保﨑 則雄 （ほざき のりお）

早稲田大学人間科学学術院教授。
1977年，金沢大学法学部卒業。1977〜1980年，京都の高校英語教員を務める。1980〜1987年，米国オハイオ州立大に留学，M.A., Ph. D. in Educational Communications & Technology。1981〜1982年，米国オハイオ州コロンバス市日本語補習校小中学部教員。1981〜1987年，オハイオ州立大講師。1988〜2000年，神奈川大学外国語学部。2000年より現職。
【主な著作】『映像表現という活動——「本物の状況」でのメディア制作』（分担執筆，ナカニシヤ出版，2016年），『教育コミュニケーション学』（分担執筆，朝倉書店，2008年），『大学の英語教育を変える』（分担執筆，玉川大学出版部，2008年）など多数。

藤城 晴佳 （ふじしろ はるか）

早稲田大学人間科学学術院助手。
高校生時にカナダへ単身留学し，ブリティッシュコロンビア州 Woodlands Secondary School 卒業。帰国後，早稲田大学人間科学部卒業。同大学院人間科学研究科博士課程教育コミュニケーション情報科学研究領域に在学中。
幼少期より身体表現活動団体に所属。その経験をもとに学内外で身体表現活動ワークショップを多数行い，現在はコミュニケーション活動としてのプレゼンテーション（英語/日本語）を指導している。

海外研修×ディープ・アクティブラーニング
早稲田大学保﨑研究室18年間の実践活動

2021年4月1日　初版第1刷発行

編著者	保﨑 則雄 藤城 晴佳
発行者	須賀 晃一
発行所	株式会社 早稲田大学出版部

〒169-0051　東京都新宿区西早稲田1-9-12
TEL03-3203-1551　http://www.waseda-up.co.jp

装　丁　　河田 純・天川 真都（株式会社ネオプラン）
印刷・製本　　シナノ印刷株式会社